言論自由
Libre Parole

艾蒂安・巴禮巴
Étienne Balibar

申昀晏　翻譯

洪世謙　審訂

南方家園

Libre Parole

Étienne Balibar

《言論自由》臺灣中文版前言

　　非常榮幸能看到《言論自由》在臺灣出版。由衷感謝我的摯友暨學生洪世謙教授發起這項翻譯計畫。對我而言，這本譯作同樣具有某些效力能回應當前的世界局勢，因此在我看來，這項出版工作也多賦予了這本書一些意義。

　　組成這本書的三篇論文皆源自不同且非常特定的處境，而這種種處境引領我將重讀某些經典哲學文本（例如馬克思、鄂蘭與傅柯的著作）的心得與當下的政治爭論結合在一起。我在法文版前言（2018）曾說過，這三篇文章的集結也許能視為向更完整且更體系性的「論著」（traité）跨出一步，讓我們更清楚表達自由與其在當前爭取民主的過程中的重要性。我到現在仍未能提出這類體系性論著（也許我永遠無法辦到這點，畢竟我現在有的時間非常有限），但我希望能藉此機會重申幾個能讓我們向目標前進的重點——而我論述的方式必定相當「程序性」（programmatique）。

　　首先我想幫臺灣與華語讀者釐清我在法文版前言提及的典故之一。我寫道，我們不應該把「言論自由」這個概念「完全任憑杜蒙（Edouard Drumont）使用」。杜蒙（1844-1917）是法國的極右派記者與評論家，他在一八九八年到一九〇二年間擔任阿爾及利亞的國民議會議員（也就是積極推動法國的阿爾及利亞殖民政策的代表人物），並在一八九〇年代建立「法國反尤聯盟」（Ligue antisémitique de France）、支持對德雷弗斯（Dreyfus）的判刑，並在其著作《尤太法國》（*La France Juive*, 1886）中將國家反尤主義理論化並正當化。他發行的刊物《言論自由》（*La Libre Parole*）主張要揭露被「尤太種族」祕密「操弄」而說出謊言與陰謀的共和黨人。而《言論自由》作為政治潮流的主要工具，在法國與別處都啟發了整個極端民族主義與種族主義傳統。杜蒙現在的傳人就是由勒龐家族的成員創立及領導的「國民聯盟」（Rassemblement National，直譯為「民族

聯盟」）——他們前不久才在法國國民議會大幅增加其代表席次。我們可以這樣理解：就像在歐洲與世界各地種種相似的走向，國民聯盟某種程度上也開始逐漸「掌權」了。因此，我認為，我們現在反倒更有必要透過傅柯來主張杜蒙濫用且誤用的概念，並將此概念置於民主抗衡法西斯過程的核心。

促使我寫前兩篇文章的處境也相當戲劇性，而這兩個情境也都各自需要細緻的分析。就我在土耳其海峽大學（université Bogazici）「丁克紀念講座」（Hrant Dink Memorial Lecture）的發表而言，彼時正是土耳其建立有伊斯蘭主義精神的威權體制（也就是現在的總統艾爾段〔Recep Tayyip Erdogan〕的所作所為）之際，許多維護民主價值的運動都被暴力鎮壓，進而導致許多記者與參與社運的智識分子鋃鐺入獄。土耳其的歷史與現代政治生活使其成為「廣義」下的歐洲（當然，土耳其也同樣屬於別的文化群體）。我們許多人長年來都與土耳其智識分子有相當親近的連結。但我並非只是出於這個原因而與他們站在一起。土耳其的民主有其普世的意義，在地緣政治上也有相當的重要性。

而我關於表達自由與瀆神問題的幾個「提綱」則牽涉到一場艱困的辯論：丹麥與法國先是有人出版了對「先知穆罕默德的嘲弄」，並在世界各地（尤其是在官方認定的穆斯林國家）引發大規模抗議浪潮，反對「西方」的恐伊斯蘭症，並藉此正當化致命恐攻（尤其是對二〇一五年一月在巴黎對諷刺性漫畫刊物《查理週刊》〔Charlie Hebdo〕發起的攻擊）。即便「非西方」世界的公眾輿論並未認同對記者的暗殺行為，也不贊同更廣泛意義上激起這些行為的基本教義意識型態，但在評價（appréciation）「表達自由」與「保衛被（薩伊德意義下的）東方主義長期汙名化的宗教身分」之間的關係時，文化、地緣政治和哲學上的鴻溝，似乎提出了一個根本性的問題。對此，作為一個終生宣誓反帝國主義的歐洲「世俗」智識分子，我沒有拒絕回應的餘地。

對我而言，種種情勢的持續發酵似乎使我的信念更為堅定：在當今世界中，表達自由同時受到「來自社會內部」與「來自社會外部」的威脅程度也許更勝以往。甚至，我們不難感覺到，當今言論自由的發展方向與廣為人知的「大敘

事」完全相反。權利與自由的歷史進步「大敍事」源自啟蒙哲學，後來在冷戰時期與其後的地緣政治衝突中（通常被濫用來）當成「自由民主國家」的口號。而當今，表達自由在世界各地都不斷式微，在「西方世界」亦是如此。因此，儘管有時捍衛言論自由是讓人絕望的事，但我們無論如何都不應放棄言論自由。表達自由完美代表了人類的基本「需求」與——借用鄂蘭出名的表達方式——「擁有一切權利的基本權利」。擁有一切權利的基本權利是主張所有權利的條件，因此也是擁有民主公民身分的先決條件。

但這同時來自內外的威脅事實上相當複雜，而這也是為何，除了幾個原則以外，我們還需要比我提出的論點更為廣泛的分析。就「內部威脅」而言，我們必須想辦法應對**警治**（policière）的種種限制。在所有威權政體與一黨獨大的全體主義政體（régimes totalitaires）中，警治限制禁止了對既有價值、官方學說、政府決策的交流或批評——批評者必須抱著遭受取締與監禁的決心。但我們同時也必須留心在公共領域中，表達自由的可能性是如何在「質」與「量」兩方面同時被出版機關的巨大權力給限制。這些機關打著表達自由的旗幟來為統治階級或政治金融寡頭的利益服務。（註1）

就「外部威脅」而言，我們顯然必須注意以下可能性：「有一定程度民主」（« suffisamment démocratique »）的憲政國家可能會成為帝國主義或全體主義鄰國侵略的對象，進而被迫成為殖民地或步入臣屬狀態（assujettissement）。但我們同時也得將意識型態的壓力、恐怖主義威脅或跨國的宗教或世俗「網絡」的敵意納入考量。這些都是相當廣為人知的問題，也是我在本書中種種介入嘗試的背景。

但還有另一種我尚未談及（或只有非常隱約論及）的威脅，而在今日無論

---

1 — Jürgen Habermas: *A New Structural Transformation of the Public Sphere and Deliberative Politics*, translated by Ciaran Cronin, Polity Press (Wiley), 2023. Mon propre essai (en français): *Sur la catastrophe informatique : une fin de l'historicité ?*, est publié dans le n° 1 de la nouvelle revue (en ligne) Les Temps Qui Restent (TQR), 04-03-2024.

是誰在反思言論自由時，似乎都必須將其置於核心位置。這威脅有其社會學、心理學與技術層面的特質，亦即資訊革命的後續效應：智能工作與溝通、網路的發明、「社會網路」與其在公私領域（兩者間的分界愈加模糊）的廣泛運用，以及逐漸「殖民」文化與知識場域的人工智能。我們在此面臨的是非常艱困的政治與哲學問題，因為資訊革命 —— 有時被稱為「第四次產業革命」，而其對人類生活的影響可能比先前所有產業革命都更為戲劇性 —— **同時**包含了「自由」的潛能，能夠提供個體前所未有的溝通與獲取資訊的手段，但也包含了政治和經濟力量對人類主體行為和思想進行控制的無限潛能，而這些力量本身不受任何控制（如 GAFAM 與其中國對應項 BATX（註2））。這兩個面向的結合創造出一種「誘惑」的效果（或像拉‧波埃西所說的「自願為奴」），而表達自由的捍衛者應當警惕這點。這問題看起來與警治限制和意識型態壓迫恰恰相反（雖然還是有不少相互干涉之處），但實際上，對於解放哲學（une philosophie de l'émancipation）而言，這是個相當核心的問題。偉大德國哲學家哈伯馬斯（Jürgen Habermas，有點像當今世界的民主自由主義導師）近期讓大家注意到這問題的嚴重性。他表示，「社會網路」（Facebook、Twitter 或 X、Instagram 等等）的使用構成了新的「公共空間」，取代了傳統的社交管道（書寫與音像媒體）。這批判雖然提供了不少幫助，但在我看來卻只處理了問題的一部分。（註3）

2 — 譯註：GAFAM 指的是 Google、Amazon、Facebook、Apple、Microsoft，BATX 則是百度（Baidu）、阿里巴巴（Alibaba）、騰訊（Tencent）、小米（Xiaomi）。

3 — 哈伯馬斯（Jürgen Habermas），《公共領域的新結構轉型與審議政治》（*A New Structural Transformation of the Public Sphere and Deliberative Politics*, translated by Ciaran Cronin, Polity Press (Wiley), 2023）。拙作〈論資訊災難：歷史性的終結？〉（« Sur la catastrophe informatique : une fin de l'historicité ? », dans le n° 1 de la nouvelle revue (en ligne) *Les Temps Qui Restent* (TQR), 04-03-2024）。〔譯註：巴禮巴的文章請見：https://lestempsquirestent.org/fr/numeros/numero-1/sur-la-catastrophe-informatique-une-fin-de-l-historicite。〕

　　如果要重思表達自由的歷史和政治意涵，需要牢記的正是表達自由在不同層面所受到的威脅。在此僅接續我先前寫的幾篇文章，著重於梳理問題的四個層面：

　　首先，表達自由或「言論自由」有其**世界政治**（**cosmopolitique**）的意涵。當然，表達自由是在不同層面的空間中展開的（尤其是**民族／國家空間**），並在政治、法律、技術、專業和文化等層面受到界定。之所以如此，是因為所有的表達（即便是藝術、身體或情感表達）都需要透過**語言**的中介。然而，已在當代批判思想中成為基本跨學科概念的翻譯哲學與翻譯社會學早已指出，世上不存在「孤立的」與「可孤立存在的」語言。當然，種種語言之間是「不平等」的，語言的合法性與用途皆有其**階層**，而這則反映出國家、殖民、教育體系等的型構過程中的權力關係。這些都很複雜，但基本上來說，不同語言（以及文化）會與彼此交流，或者像我先前在別處所說的，「向彼此發聲」。（註4）在「作為權利或政治權力的表達自由」與「在全球規模不斷型構並轉變思想和表達的語言溝通媒介的語彙」之間，有個相互預設的迴圈。

　　再者，「自由」表達自我的潛力（puissance）（或者，考量到政治限制與可及的表達手段，「盡可能自由」）本身便是內在衝突的──或者，以更好的方式來說──有其辯證特質：這是真正的「對立面的統一」，也就是一方面最大化**個體**潛力，而這權力無法化約為任何形式的從眾或不容辯駁的「權威」（傅柯從古希臘 parrêsia 獲得靈感後所說的「說真話的勇氣」）；另一方面也最大化**集體**潛力，亦即讓差異、集體身分、不同階級、文化與人民（或甚至是哲學家德勒茲與瓜達希所說的「少數」）（註5）的解放利益變得可見並獲得重視。也許，

---

4 ─　Étienne Balibar : *Des Universels. Essais et conférences*, Editions Galilée, Paris 2016. English translation *Of Universals*, Fordham University Press 2020.

5 ─　尤其請見兩人的著作《卡夫卡：通向少數文學》（*Kafka : Pour une littérature mineure*, Editions de Minuit 1975）。

追根究柢，這類張力是組織了公／私生活的所有「自由」的內在特質。但表達自由似乎使這類張力變得格外顯眼與犀利。

我們接著面臨的是第三個問題，亦即表達自由與社會政體與統治階級的本性（nature）之間的關聯。在歷史上自稱為「共產主義」的政權中，表達自由與所有其它類型的公共自由都受到系統性的壓迫，並再援引某些馬克思的著作來將「人權」批判為資本主義的工具。這結果使許多社會運動者與批判思想家質疑表達自由僅是純粹的「中產階級的自由」。這是個嚴重的錯誤（此外，這也與馬克思自己作為公開發言者與政治領袖的生涯相互矛盾）。事實上，表達自由是社會起義——其基礎是我所說的「平等即自由」倡議（« proposition de l'égaliberté »）——革命計畫最為根本的面向之一。在現代史中，表達自由也逐漸從「公民－中產階級」政治轉為「社會主義－共產主義」政治。然而，這並不代表其意義不曾經歷轉變。我在這本書嘗試做的，便是將表達自由理解為**共有資源（bien public）**，而其基礎並非被法律**消極／否定式保障**的「自我所有」（propriété de soi-même），而是一種讓自己得以在公共領域中被聽見的**積極／肯定性的能力**——種種文化特權與不平等不斷「消音」史碧華克（Gayatri Spivak）筆下的「底層人民」，而表達自由便是要對抗這些特權與不平等。(註6) 這是每個個體都能行使的能力，但也必然是透過集體政治行動爭取而來的能力。而當然，在每個歷史與社會型構中，都必須依照其特有的模態與手段來爭取此能力。

由此而來的最後一個（第四個）命題，則是本書幾篇文論的基礎，也是把這些文章與我一直以來致力研究的「政治」概念與其它研究相互連結起來。原先我是從鄂蘭的著作中汲取靈感，跟許多別的當代讀者一樣試著展示其顯著性，並將其運用於鄂蘭自己設下的界線之外的領域（但這需要集結許多鄂蘭的著作與介入來全面討論一番）：表達自由（尤其是從政治層面理解這概念）是一種

---

6 － 請見再版的論文集《底層人民能否發聲？反思此觀念的歷史》（*Can the Subaltern Speak? Reflections on the History of an Idea*, Edited by Rosalind Morris, Columbia University Press, 2010）。

透過集體協定與集體爭取而來的共有資源，也是「擁有一切權利的基本權利」不可或缺的一部分，而這不但有普世的意義，也讓公民身分制度得以成為一種「活動」或公民藉由與彼此互動和與國家（或政府機構）互動而行使的「行動力」（puissance d'agir）。這種權利因而無法像企業自由或性自由一樣**被限縮**至特定的領域，而是與所有社會活動共同開展，而公民也在這些活動中與彼此相遇並賦予彼此公民力／文明力。在此我們能看到亞里斯多德兩則人的定義的相互呼應：「政治生物」（zôon politikon）與「以語言說話的生物」（zôon logon ekhôn）。不過，歷史讓兩者間的相互呼應變得更為廣闊、更為多元。我們同時也看到，我們從未獲得這普世的「權利」，反倒得不斷重新獲得、重新構築這權利。

　　以上便是我在這本二〇一八年的小書出版後仍持續思索的問題。我很高興能把這些問題傳達給臺灣與華語讀者，讓大家以自己的方式繼續發展這些問題。

　　　　　　　　　　　　　　　　　　　　　　　　　艾蒂安・巴禮巴
　　　　　　　　　　　　　　　　　　　　　　二〇二四年九月十日，筆於巴黎

Préface pour la traduction chinoise (publiée à Taiwan) de *Libre Parole*

Je suis profondément honoré de voir paraître en chinois à Taiwan une traduction de mon livre « Libre Parole », dont mon ami et ancien étudiant le Professeur Shih-Chian Hung a pris l'initiative. Dans la conjoncture mondiale actuelle, il me semble également que cette traduction peut avoir une certaine utilité, ce qui lui confère à mes yeux une signification supplémentaire.

Les trois essais qui le constituent, issus de circonstances différentes, à chaque fois bien déterminées, m'avaient amené à joindre la relecture de textes philosophiques classiques (par exemple les œuvres de Marx, de Hannah Arendt et de Michel Foucault) avec les débats politiques d'actualité. Dans la préface de l'édition française originale (2018), j'ai dit que leur réunion pouvait être considérée comme un pas effectué en direction d'un « traité » plus complet et plus systématique de la liberté d'expression et de son importance dans les combats actuels pour la démocratie. Je ne suis pas encore en mesure de proposer un tel traité (et peut-être ne le serai-je jamais, car le temps dont je dispose désormais est limité), mais je voudrais saisir l'occasion de cette nouvelle préface pour insister sur quelques points allant dans ce sens, d'une façon nécessairement programmatique.

Il me faut d'abord, à l'intention des lecteurs taiwanais et chinois, clarifier le sens de l'allusion contenue dans ma préface française, quand je dis qu'il ne faut pas « laisser à Edouard Drumont » l'usage de l'expression « Libre parole ». Drumont était un journaliste et essayiste d'extrême-droite, député d'Alger de 1898 à 1902 (donc un représentant actif de la politique coloniale de la France en Afrique), fondateur de la « Ligue antisémitique de France » et partisan de la condamnation du Capitaine Dreyfus dans les années 1890, auteur du livre *La France Juive* (1886) qui théorise et justifie l'antisémitisme d'Etat. Son journal « La Libre Parole » (qui prétendait dénoncer les mensonges et conspirations des républicains « manipulés » secrètement par la « race juive ») était le principal instrument d'un courant politique qui a inspiré (en France et ailleurs) toute la tradition ultra-nationaliste et raciste. Son héritier actuel est le « Rassemblement National », créé et dirigé par les membres de la famille Le Pen, qui vient d'augmenter significativement sa représentation à l'Assemblée Nationale française. On peut penser que, comme d'autres courants semblables en Europe et dans le monde, il est arrivé en quelque sorte « aux portes du pouvoir ». J'attache donc d'autant plus d'importance à me réclamer (à travers Foucault) d'une notion dont il avait fait un usage abusif et pervers, et qui doit être au cœur de la résistance démocratique au fascisme.

Les circonstances qui ont provoqué la rédaction de deux premiers essais de mon recueil étaient également dramatiques, même si chacune d'entre elles doit faire l'objet d'une analyse nuancée. Dans le cas de ma « Conférence Hrant Dink » à l'Université Bogazici d'Istanbul, il s'agit de l'installation en Turquie d'un régime autoritaire d'inspiration islamiste (celui du Président Erdogan), qui réprime de plus en plus violemment la défense des valeurs et des mouvements démocratiques, y compris en emprisonnant les journalistes et les intellectuels militants. La Turquie fait partie de l'Europe au sens « large », par son histoire et sa vie politique moderne, même si bien entendu elle appartient également à d'autres ensembles culturels. Beaucoup d'entre nous ont des liens anciens et étroits avec les intellectuels turcs. Mais cette raison n'est pas la seule qui entre en jeu dans l'expression de ma solidarité. La cause de la démocratie en Turquie a une signification universelle et une importance géopolitique considérable. Dans le cas de mes « Thèses » sur la liberté d'expression et la question du blasphème, il s'agit du débat difficile engendré par la succession des conséquences de la publication au Danemark et en France de « caricatures de Mahomet » qui ont provoqué dans le monde entier (mais surtout dans les pays officiellement musulmans) des manifestations de masse dénonçant l'islamophobie « occidentale », et servi de justification à des attentats terroristes meurtriers (en particulier contre les dessinateurs du journal satirique « Charlie Hebdo » à Paris en janvier 2015). Même lorsque les opinions publiques du monde « non-occidental » n'ont pas approuvé les assassinats de journalistes, ni plus généralement l'idéologie intégriste qui les inspire, le décalage culturel, géopolitique, philosophique dans l'appréciation du rapport entre liberté d'expression et défense des identités religieuses longuement stigmatisées par « l'orientalisme » (au sens d'Edward Said), m'a semblé poser un problème de fond auquel, en tant qu'intellectuel européen « laïque » qui s'est réclamé toute sa vie de l'anti-impérialisme, je ne pouvais pas refuser de me confronter.

Le rappel de ces circonstances me semble de nature à renforcer l'idée que, dans le monde actuel plus que jamais peut-être, la liberté d'expression est terriblement menacée à la fois « de l'intérieur » et « de l'extérieur » des sociétés auxquelles nous appartenons. On peut même avoir le sentiment, à l'opposé du « grand récit » de la progression historique des droits et des libertés, qui plonge ses racines dans la philosophie des Lumières et qui (de façon souvent abusive) a servi de slogan aux « démocraties libérales » dans la période de la Guerre Froide et les confrontations géopolitiques qui lui ont succédé, que la liberté d'expression est aujourd'hui *en régression partout dans le monde*, y compris dans le monde « occidental ». Sa défense a quelque chose de désespéré, à quoi il ne faut pas renoncer pour autant. Car la liberté d'expression représente par excellence à la fois un « besoin » humain fondamental et – pour reprendre la célèbre expression de Hannah Arendt – un « droit aux droits » qui conditionne la capacité de revendiquer tous les autres, et ainsi d'accéder à la citoyenneté dans le sens démocratique du terme.

Mais cette menace à la fois interne et externe est en réalité complexe (et c'est pourquoi, au-delà du rappel des principes, il faudrait une analyse plus étendue que celle que j'ai proposée). Du côté de la menace « interne », il faut faire place aux contraintes *policières* qui, dans tous les régimes autoritaires et a fortiori dans les régimes totalitaires de parti unique, interdisent de communiquer ou de critiquer les valeurs établies, les doctrines officielles, les décisions gouvernementales, sauf en prenant le risque de condamnations et d'emprisonnement. Mais il faut faire place également à la façon dont, quantitativement et qualitativement, les possibilités d'expression sur la place publique sont limitées par l'immense pouvoir des organes de presse qui se réclament de la liberté d'expression, mais qui servent les intérêts d'une classe dominante ou d'une oligarchie politico-financière. Du côté de la menace « externe », il faut ranger évidemment la possibilité qu'un pays jouissant d'une constitution « suffisamment démocratique » fasse l'objet d'une agression, d'une tentative de colonisation ou d'assujettissement de la part d'un régime impérialiste ou totalitaire voisin. Mais il faut ranger aussi la pression idéologique, le chantage au terrorisme ou aux manifestations d'hostilité qui peut être exercé par des « réseaux » transnationaux, religieux ou laïques. Tout cela est bien connu et relève de l'évidence. C'était l'arrière-plan de mes interventions recueillies dans le livre. Mais il y a un autre genre de menace dont je n'ai pas parlé (sauf très allusivement) et qui me semble devoir être pris en considération de façon centrale dans toute réflexion sur la liberté d'expression aujourd'hui. Il possède un caractère à la fois sociologique, psychologique et technologique : je veux parler de l'effet des révolutions informatiques ayant entraîné successivement la généralisation de l'utilisation des ordinateurs pour le travail intellectuel et la communication, la création d'internet, puis celle des « réseaux sociaux » et leur utilisation massive dans la vie privée et publique (dont la séparation d'ailleurs s'estompe), enfin celle de l'intelligence artificielle qui « colonise » progressivement le champ de la culture et de la connaissance. Nous sommes ici devant un problème politique et philosophique très difficile, car la révolution informatique (parfois désignée sous le nom de « quatrième révolution industrielle », et susceptible d'avoir sur la vie humaine des effets encore plus dramatiques que toutes les précédentes) contient *à la fois* des potentialités de « liberté », en mettant à la disposition des individus des moyens sans précédent de communiquer ou d'accéder à l'information, et des potentialités sans limite de contrôle de la conduite et de la pensée des sujets humains par des pouvoirs politiques et économiques qui ne font eux-mêmes l'objet d'aucun contrôle (ainsi les GAFAM et leur équivalent chinois : les BATX). La combinaison de ces deux aspects engendre un effet de *séduction* (ou, comme disait Étienne de la Boétie, de « servitude volontaire ») qui, à juste titre doit susciter l'inquiétude des défenseurs de la liberté d'expression. On est ici en apparence à l'opposé d'une contrainte policière ou d'une répression idéologique (bien qu'il y ait des interférences···), mais il s'agit en réalité d'un problème tout aussi central pour une philosophie de l'émancipation. Le grand philosophe allemand Jürgen Habermas (qui est un peu le maître à penser du libéralisme démocratique dans le monde aujourd'hui) a récemment attiré l'attention sur la gravité du problème en décrivant le nouvel « espace public » dominé par l'utilisation des « réseaux sociaux » (Facebook, Twitter devenu « X », Instagram, etc.) au lieu des canaux traditionnels (la presse écrite et audio-visuelle), mais cette critique utile me semble prendre en considération seulement une partie du problème. (註1)

Ce sont ces différentes dimensions de la menace contre la liberté d'expression qu'il faut avoir à l'esprit pour en repenser la signification historique et politique. Dans la continuité de mes essais précédents, j'insisterai de façon sommaire sur quatre aspects (non limitatifs) :

Premièrement, la liberté d'expression ou « libre parole » a une signification *cosmopolitique*. Elle se déploie bien entendu à l'intérieur d'espaces de dimension variable, et notamment dans des espaces *nationaux*, définis politiquement, juridiquement, technologiquement, professionnellement, culturellement. Cela est dû en particulier à la nécessité pour toute expression (même artistique, corporelle, affective) de passer par la médiation de la *langue*. Mais la sociologie et la philosophie de la traduction, qui est devenue dans la pensée critique contemporaine une notion interdisciplinaire fondamentale, a montré qu'il n'existe rien de tel qu'une langue « isolée » et isolable. Naturellement les langues sont « inégales », il y a des *hiérarchies* d'usage et de légitimité, qui reflètent des rapports de pouvoir issus de la formation des Etats, de la colonisation, des systèmes d'enseignement. Tout cela est très complexe. Mais la règle générale est que les langues (et à travers les langues, les cultures) communiquent entre elles ou, comme je l'ai écrit ailleurs, elles « se parlent ». (註2) Entre la liberté

---

1 ⎯ Jürgen Habermas: *A New Structural Transformation of the Public Sphere and Deliberative Politics*, translated by Ciaran Cronin, Polity Press (Wiley), 2023. Mon propre essai (en français): *Sur la catastrophe informatique : une fin de l'historicité ?* , est publié dans le n° 1 de la nouvelle revue (en ligne) *Les Temps Qui Restent* (TQR), 04-03-2024.

2 ⎯ Étienne Balibar : *Des Universels. Essais et conférences*, Editions Galilée, Paris 2016. English translation *Of Universals*, Fordham University Press 2020.

d'expression comme droit ou puissance politique et la communication des idiomes qui forme et transforme en permanence le « moyen » linguistique de l'expression et de la pensée à l'échelle du monde, il y a un cercle de présupposition réciproque.

Deuxièmement, la puissance de s'exprimer « librement » (ou le plus librement possible, compte tenu des moyens disponibles, des contraintes politiques avec lesquelles il faut ruser ou qu'il faut affronter) possède un caractère intrinsèquement conflictuel, ou mieux, dialectique. C'est en tant que telle une véritable unité de contraires, qui cherche à maximiser à la fois la puissance *individuelle*, irréductible à tout conformisme, à toute « autorité » indiscutable (ce que Foucault, en s'inspirant du modèle grec de la *parrèsia*, a appelé le « courage de la vérité »), et la puissance collective, qui cherche à faire voir et respecter les différences, les identités collectives, les intérêts émancipatoires de classes, de cultures, de peuples entiers (ou encore de ce que, dans un sens très général, les philosophes Gilles Deleuze et Félix Guattari avaient appelé des « minorités »). (註 3) Peut-être une tension de ce genre est-elle, au fond, la caractéristique intrinsèque de toutes les « libertés » qui structurent à la fois la vie « privée » et la vie « publique ». Mais il semble que le cas de la liberté d'expression lui donne une visibilité et une acuité particulière.

Ceci nous conduit, troisièmement, à la question du rapport que la liberté d'expression entretient avec la nature du régime social et de la classe dominante. Le fait que la liberté d'expression ait été supprimée systématiquement (en même temps que toute sorte d'autres libertés publiques) dans les régimes qui, historiquement, se sont présentés comme « communistes », ajouté à la critique générale des « droits de l'homme » en tant qu'instruments du capitalisme dans certaines œuvres de Marx, a engendré chez beaucoup de militants et de penseurs critiques le soupçon que la liberté d'expression serait une pure « liberté bourgeoise ». C'est une profonde erreur (qui, d'ailleurs, contredit les positions de Marx lui-même dans toute sa carrière de

---

3 — Voir en particulier leur livre sur *Kafka : Pour une littérature mineure*, Editions de Minuit 1975.

publiciste et de dirigeant politique). En réalité la liberté d'expression est un aspect fondamental du *projet révolutionnaire* des insurrections sociales fondées sur ce que j'ai appelé la « proposition de l'égaliberté », et qui passent au cours de l'histoire moderne d'une politique « civique-bourgeoise » à une politique « socialiste-communiste ». Cela ne veut pas dire, pour autant, que leur conception doit demeurer inchangée. C'est ce que j'ai essayé de montrer dans mon livre en esquissant une théorie de la liberté d'expression comme bien public, dont le fondement n'est pas une « propriété de soi-même » *négativement garantie* par le droit, mais une *capacité positive* de se faire entendre dans la sphère publique, à l'encontre des privilèges et des inégalités culturelles qui « réduisent au silence » ceux que Gayatri Spivak a appelé les « subalternes ». (註4) Cette capacité est exercée par chacun individuellement, mais elle doit être collectivement conquise par une action politique. Et cette conquête se fait, bien sûr, dans chaque formation historique et sociale, selon des modalités et avec des moyens qui lui sont propres.

D'où finalement (quatrièmement) la thèse qui sous-tend mes essais et les relie à d'autres études sur le concept du politique auxquelles je me suis consacré. Elle s'exprime dans une terminologie que j'emprunte intentionnellement à l'œuvre de Hannah Arendt, en essayant (comme d'autres lecteurs contemporains) de manifester sa pertinence et d'en faire l'application au-delà des limites qu'elle s'était elle-même fixées (mais ceci appellerait toute une discussion spéciale, convoquant plusieurs de ses œuvres et interventions à la fois) : la liberté d'expression, surtout si on l'entend de façon *politique*, comme un bien public élaboré et conquis collectivement, fait éminemment partie du « droit aux droits » (ou « droit d'avoir des droits » : *right to have rights*) qui ont une signification universelle et rendent possible l'institution de la citoyenneté comme une *activité* et, mieux encore, une « puissance d'agir » (*agency*) que les citoyens exercent

---

4 —   Voir la réédition de son essai dans *Can the Subaltern Speak? Reflections on the History of an Idea*, Edited by Rosalind Morris, Columbia University Press 2010.

en interagissant les uns avec les autres autant qu'avec l'Etat (et plus généralement les institutions de gouvernement). Elle n'est donc pas *cantonnée* dans un domaine particulier (comme la liberté d'entreprendre ou la liberté sexuelle), mais coextensive à tout l'ensemble des activités sociales dans lesquelles les citoyens se rencontrent et se « civilisent ». On retrouve, au fond, la corrélation des deux définitions aristotéliciennes de l'être humain : un « vivant politique » (*zôon politikon*) et un « vivant disposant du langage » (*zôon logon ekhôn*), mais dans un sens que l'histoire a considérablement élargi et diversifié. On voit aussi que ce « droit » universel n'est jamais acquis, mais toujours à regagner et reconstituer.

Telles sont les questions que je continue de me poser sur la lancée des essais de 2018 réunis dans mon petit livre, et que je suis heureux de transmettre à mes lecteurs taiwanais et chinois pour qu'ils les élaborent à leur façon.

Par Étienne Balibar
Paris, le 10 septembre 2024

導讀

民主化民主：民主與言論自由的內在張力

| 中山大學哲學所教授　洪世謙

　　二〇二三年七月，三年疫情解封後，終於又有機會回到巴黎。拜會巴禮巴是每次回巴黎必要的行程。七月三號這天，我們約在 Montparnasse 附近著名的 Le Select 餐廳共享午餐。從二〇二〇年末到二〇二三年，三年間發生了全球疫情、烏俄戰爭、中國軍演包圍臺灣、二〇二二年法國總統大選 Marine le Pen 第二次進入第二輪等重大世界議題。二〇二三年七月，是值遇到巴黎郊區暴動事件，七月一號起法國便實施宵禁，並減少郊區大眾交通工具的班次。起源於法國警察射殺拒絕路邊攔檢的郊區青年，事件發生在我與巴禮巴相識的農岱爾市（Nanterre）。法國的郊區青年議題，一向涉及了種族歧視、社會排除、暴力、宗教等等面向。席間便聊到他對當時郊區暴動的看法。他表示這些郊區青年，當然有所謂的暴力行為，但其實更應該要問的是，這個社會結構、體制，是如何地使這些郊區青年需要長期忍受社會和結構的暴力，以及警察的執法暴力。於是，我們聊到了巴禮巴二〇一八年出版的一本小書，也就是本書《言論自由》（Libre Parole），我們倆都非常喜歡這本小書，這本書主要是針對《查理週刊》事件後，關於暴力、宗教和言論自由等議題的討論，集結了他在二〇一五、二〇一六和二〇一八所發表的三篇文章。還預告他將在該年的十月十二號，與數十年的好友巴特勒（Judith Butler），在龐畢度中心有一場對談（註1），內容就是

1 —　詳細資訊請參見網頁 https://www.centrepompidou.fr/en/program/calendar/event/JDotp0r；該次對談的錄影，可參見 https://www.centrepompidou.fr/en/videos/video/lectures-de-judith-butler-2。

從《言論自由》這本書出發，談論在政治哲學中言論自由的運用以及巴特勒的思想對他的影響。當下我們決定將它翻譯為中文，讓更多人進一步了解巴禮巴如何討論言論自由和暴力的相關議題。

回到臺灣後，和我的學術好友、本書譯者，也是當時的指導學生申昀晏聊起，在巴黎時與巴禮巴商量翻譯《言論自由》這本書。昀晏長期以來接觸了許多歐洲政治哲學家的思想，更長期沉浸於巴禮巴與巴特勒的思想中，除了已經翻譯兩本巴特勒的著作外，他目前在筑波大學博士班的指導教授佐藤嘉幸（Yoshiyuki Sato），亦是巴禮巴的學生，再再都說明昀晏對巴禮巴的理解具有深厚基礎。實際上，昀晏在許多思想和行動都帶給我很大的啟發，因此當他也表示對這本小書很感興趣時，我便央請昀晏擔任本書的譯者。對我而言，這也象徵著某種傳承的意義，我的學術思想、政治行動與判斷，深深地受到巴禮巴影響，如今這本書能在巴禮巴的中文版序言、昀晏的翻譯及我的校譯，凝聚三代人的合作中出版，期望能在臺灣對民主、言論自由、暴力、說真話等議題，帶來更多反思與對話。

在進入對本書的導讀之前，我想先指出巴禮巴的學術特色。巴禮巴的哲學深受他兩位老師——阿圖塞（Althusser）和德希達（Derrida）——的影響，因此，即便巴禮巴關心的議題與兩位老師不盡相同，但在思考上有其相似之處。為了取消僵化單一的制度或普遍性，阿圖塞的無主體及德希達的痕跡兩個概念，一直反覆出現在巴禮巴的哲學思想中。從「無主體」的角度來說，意味著沒有任何事情是預先決定的，相對地，我們面臨的總是一個尚未完成、充滿各式內在矛盾的社會結構或政治制度，而這也意味著只有通過「實踐」、「鬥爭」才能創造政治範圍，且是持續轉變且多樣性的政治方案。如果德希達解構哲學的特色是使事物「難以判定」（indécidable）、陷入無法輕易二元區分的「窘境」（aporie），則巴禮巴的哲學方法是使事物或概念表現為一種「矛盾張力又相互依賴構成」，即讓事物表現為永久的張力，揭示了某種「不可能」的平衡。思考事物的內部矛盾（contradictions internes）或內部張力，從而思考實踐、行動或

改變的可能性，可說是巴禮巴哲學的重要特色。

　　此外，在閱讀巴禮巴的著作時，可以留意他另一個特色。面對這些充滿內在矛盾的概念，他並非強加現成的答案，而是提出一種辯證的方法將概念複雜化，尋找它們生成、斷裂、轉變等等過程，並維持開放性。即便這樣的作法引起了各種不安，並招來不同的批判，一種德希達意義下「危險的增補」（dangereux supplément）。(註2) 然而恰恰是這種持續的張力、不可能平衡的擺盪（oscillation），讓他邀請讀者在不確定中共同思考、對話。我認為 Thinking with Balibar(註3)，「共同思考」既是他堅持的理念，也是思考、策略，更是行動。

　　我以他著名的「平等自由」（l'égaliberté）概念介紹上述的哲學特色(註4)。

　　「平等自由」是同時要求平等及自由，然而傳統政治哲學中，其中一者與

2 ─　從另一個角度來看，透過對話、翻譯，維持一種無法化約的張力，豐富並複雜化事物的意義，進而打開更多可能性，向未來保持開放。巴禮巴這種作法和德希達的「延異」異曲同工，使事物處於「將臨」之中，德希達也以「延異」概念討論民主，並認為民主必定是「將臨的民主」（La démocratie à venir）。

3 ─　Ann Laura Stoler (ed.), Stathis Gourgouris (ed.), Jacques Lezra (ed.), *Thinking with Balibar: A Lexicon of Conceptual Practice*, Fordham University Press, 2020, pp.7-12.

4 ─　實際上，他對普遍主義、民主、邊界等，也是以內在張力的角度分析這些概念，因為不是本書的主要內容，不在此細論。以普遍主義為例，他指出，我們對於普遍性的理解，要不將它視為太過模糊（ambiguous），要不視為太過單一的概念。然而，對巴禮巴來說，若普遍主義的論述是建立在排除之上，則是最令人不安的。因此不該存在具有前提及其內容確定的普遍性。他認為哲學的工作是理解普遍性矛盾的邏輯以及它如何運作、如何生產論述。換言之，「普遍性」是個模糊的概念，因此它是多元的概念，它的論述和政治實踐都充滿矛盾，它是複數的普遍性（Les Universels）。這樣充滿內部矛盾的普遍性，成為一個永遠令人不安的地方。而這也成為他與巴迪悟（Badiou）著名的普遍性論戰之起點，對巴迪悟來說，將普遍性視為模糊，是件荒謬的事，但對巴禮巴來說，普遍性的模糊卻是至關重要。普遍性的矛盾，提供了重構政治和哲學所需的論述和政治的解放力量。這種

另一者往往處於矛盾對立，巴禮巴藉此表達政治中常遭遇的窘境。他認為我們不能僅停留於本質地將平等和自由視為不相容。他想追問的是，在什麼歷史條件下，我們相信了自由的優先權；又在什麼情況下，我們強調平等優位。實際上，這也突顯了他哲學的第三個特色：在情境中思考。他期望不要只能在平等和自由之間「二擇一」，而是強調介入、對話、翻譯、調解（médiation）。這種對於平等、自由的重新理解及調解，是看到二者彼此間的辯證與互生關係——真正的普遍平等就是要求自由平等，而普遍自由其實就是平等地享有自由，即每個人都應享有相同的自由。這意味著平等表現為對僵化制度具有否定的力量，繼而說明這種對制度的「反叛」（insurrection）表現了「自由」，人亦因為具有平等的自由，因此能夠對制度採取否定的力量。正是「反叛」使個體間實現了平等及自由，為差異保留了空間，也不斷地構成差異，這也是它不穩定的原因。這兩個概念之間存在著永久的張力，兩者相互依賴、彼此證成，只考慮其中一個而不考慮另一個的理論，與其他理論一樣沒有解放性。巴禮巴試圖以這種內在張力，恢復平等與自由內部的豐富性和複雜性。

在瞭解以內在張力及矛盾作為主要的思考方式後，我們聚焦巴禮巴如何以此展開本書的兩個重要概念：言論自由及民主。

巴禮巴在本書中有很明確的立場，即「表達自由」(註5) 是作為鄂蘭意義下「一切權利的基本權利」。他認為，表達自由是所有權利得以實現的前提，只有通

力量不在於採用單一的普遍主義，而在於利用普遍性自身的內在張力，建立對差異的共同責任（正是在這一點上，他與 Laclau, Butler 等人一樣，將普遍性與平等、差異聯繫在一起）。亦即他所區分的兩種普遍主義「內張式普遍主義」（universalisme intensif）和「外擴式普遍主義」（universalisme extensif）。他解釋，「外擴式的普遍主義」是一種宰制的意識形態，而「內張式普遍主義」則是解放、非歧視的普遍主義，它是對平等的要求，作為一種反抗力量，反抗各式的齊一和宰制，反抗歧視、反抗不平等、反抗禁令、反抗限制言論自由。相關討論可參考 Étienne Balibar, *On Universals:Constructing and Deconstructing Community*, 2020, Fordham University Press. 或 *La proposition*

過表達自由，公民才能積極參與政治，表達自己的需求及意見，並對抗任何權力。亦即表達自由保障了個體在公共領域中表達需求、反對不公以及維護民主的能力。表達自由保護個體的自主性及基本權利，它不僅是一種權利，更是民主制度正常運作的核心條件。因此巴禮巴認為，需將它視為「共有資源」（bien public），促進多元意見的交流，並抵抗權力的壓制。

現實生活中，我們不乏言論自由面臨內部自身緊張關係的例子。例如近年來日益受到挑戰與爭議的 DEI（Diversity, Equity, and Inclusion）浪潮，以往我們相信在民主多元的社會中，須學習看到差異，對社會不公保持敏感度，保障各式性別、種族、階級享有平等的權利。然而 DEI 的倡議，某些人將其視為言論審查、限制個人發表言論，強迫所有人接受同一套價值。甚至有人認為，DEI 過度保護弱勢，形成另一種「反向歧視」，造成了另一種不平等。這說明了言論自由在民主社會裡所面臨的矛盾，即保障個人行使言論自由的同時，也可能引來另一群相反的意見，造成社會的分裂，甚至某些被視為利益良善的言論，也可能導致某些聲音無法在公共領域中發聲，形成另一種形式的限制言論自由。

此外，媒體壟斷及資訊控制是言論自由的另一個內部矛盾。網路的無遠弗屆及分眾化，自媒體的蓬勃發展等都提昇了個人的表達自由。然而這些數位及網路科技，除了幫助個人獲取資訊，但也可能被政治與經濟權力用以操控思想和行為，形成某種意義下的「自願為奴」，即社交媒體平臺的演算和政策可能限制某些觀點的傳播，造成言論自由的隱性壓制。個體認為他正自主地行使表

---

de l'égaliberté: Essais politiques, 2010, Puf.

5 —   需要留意，對巴禮巴而言，「表達自由」和「言論自由」雖然相近，但並非完全可互換（Balibar, Libre parole, p. 54.）。表達自由涵蓋更廣泛的媒介與形式，包括書寫、影像、身體語言、音樂、藝術、情感等多種表達方式，且能區別這個基本權利中較為制度性的一面，以及較為個人的一面（ibid., p.45.）。言論自由則和「說真話」更靠近，意味著個體從私領域跨越到公領域發言（ibid., p.47.），以及可能需要承擔危急生命的風險（ibid., pp.79-80.）。

達自由的權利，然而卻可能僅是不斷地鞏固來自權力者、主流聲量或資訊巨頭的觀點及價值。這些言論卻可能使其他人無法獲得表達自由，甚至導致整體社會無法擁有表達自由，例如煽動仇恨、歧視的言論或鼓吹某些單一價值。如若加上全球化科技巨頭（如 GAFAM 與 BATX）對言論自由構成跨國性的挑戰，將使實現言論自由更加遙遠。

更複雜的是，表達自由雖作為民主政治的核心與基石，但二者間同樣可能存在內部矛盾。以政府是否能限制言論為例，國家透過法律或政策限制言論自由，打壓言路，這現象雖然在專制或獨裁政權中較為常見，然而在民主社會中，亦時有所聞。例如在寫作之時，南韓突然宣布戒嚴，戒嚴令的其中一條便是所有的言論和出版都須受戒嚴司令部控制。整體來說，民主表現為接納各式異質的聲音與批判，也就是巴禮巴所稱，積極的民主必須包含一切的「逾法」（extra-légale）之音。（ibid., p. 34.）然而這些批判卻可能導致極端民粹主義或內部激化分裂，在暴力的陰影下，民主制度可能因內部的極端分裂而自我瓦解。換言之，民主必須接受內部的批評和挑戰，但這種開放性也可能讓其面臨更大的風險，即捍衛言論自由的同時，言論自由可能用來宣揚反民主的言論，導致無法捍衛多元價值。

綜合上述，當代的言論自由，至少面臨兩種內在困境。其一，在因主張多元價值而逐漸去政治正確的浪潮中，各種價值都可以宣稱它們亦是多元價值的一環，並因此享有言論自由。於是面對性別、種族、階級等議題時，我們無從判斷是否該禁止某些歧視性言論甚至是結構暴力性的制度，因為禁止了某些言論，言論自由是否還能稱之為言論自由，這樣的國家是否還能宣稱自身為民主國家。其二，在後真相的年代中，巨量資訊、生成式 AI 等，使得真偽難辨，甚至什麼是真相都難以討論。當我們無從判斷什麼是假訊息、什麼可被視為認知作戰？我們是否可以禁止某些消息來源，或某些團體的言論？然而，一個禁止訊息傳播的國家，還可以宣稱是保障言論自由的民主國家嗎？

從上面的分析可知，不論是民主、言論自由或民主與言論自由間的關係，

都存在諸多內部矛盾、緊張關係。民主與言論自由相互依存，民主制度取決於能否接受內部的批評與矛盾，即便這個特質會讓民主承受自我瓦解的風險。然而「自我設限的主權」是民主的特質，而言論自由則是促成這一特質的關鍵。換個角度說，民主的前提建立在言論自由，藉以表達異質聲音及批判，然而過度的言論自由激化公民社會中的對立，使公共對話難以進行，便難有良好的民主政治。相對地，若過度地限制言論自由，公共對話與批判亦無可能，同樣無法促成民主政治。然而這都不意味著我們只能在「更開放」或「更限制」的民主、言論自由間擇一。面對民主和言論自由內在矛盾的挑戰，關鍵在於如何維護多元聲音的空間，並強化公民參與和公共意識。我們是否可能找到一種辯證的方法，將矛盾視為民主成長的必要條件，而非二擇一的簡單解決方案？

　　一如以往，巴禮巴並沒有提供一個明確、現成的答案，而是邀請並提醒我們，更辯證且更具體而微觀地考察民主或言論自由的內部張力、斷裂及不穩定，保持對這些問題批判且開放的態度。就其而言，民主與言論自由的內部本身就帶有各式的張力和與矛盾，而恰好是這些不安與不穩定，成為了民主的特色，也是我們思考的起點。換言之，言論自由具有內在矛盾，即它既涉及個人表達的自由，亦同時促進集體的多元聲音。個人與集體間不（可能）穩定的張力關係，恰恰說明了民主社會的辯證特質，即民主社會需要在矛盾中不斷對話、協商，將個人自由、集體需求與平等結合起來。我們該做的不是消除矛盾，而是更辯證地、更動態地思考這些問題。民主與言論自由，永遠是德希達筆下「危險的增補」，二者並非本質關係，而是在行動中創造彼此。我們應接受民主的「不完美性」，將這些矛盾視為制度進步的動力，民主應當始終維持在未完成（inachevé）狀態，讓不同觀點和聲音能持續進入公共討論。換言之，當言論自由不再是個人自由，而是「共有資源」時，需透過集體行動去爭取和維護，使每個人能夠平等地對話，減少由於階級、文化、權力或技術所造成的不平等，俾使不同的聲音都有機會表達並被聽見。

　　如何在民主與言論自由的內在張力間取得協調？即便巴禮巴沒有提供明確

答案，但或許提供了幾個可能的思考線索。

　　首先，我們必須將表達自由從「主觀權利」理解為「共有資源」，從而反思輕率地使用言論自由所可能導致的後果。他以《查理週刊》為例，《查理週刊》的編輯們，輕率相信了他們勇於冒險地表達意見，卻也輕忽了（即便是出於良善動機）譏諷挑釁可能造成的災難性後果。換言之，我們確實相信傅柯意義下「說真話」（parrêsia）的勇氣與重要性，面對暴力或權威，說真話必須承受生命危險。這種「說真話的勇氣」是對抗壓迫的力量，是言論自由的核心，也是民主理念不可或缺的一部分，即使面臨風險仍需堅持。因此巴禮巴邀請我們思考兩個意義下的輕率，其一，面對說真話時所可能遭受的生命危險，我們必須了解，說真話的勇氣與意義，在於開啟一個無法簡化的對話空間，讓我與他人間都能夠獲得更大的自由。特別是在面對威權政府與社會規範的壓制時，這是保護言論自由的核心精神。然而，面對「說真話」所可能招致的風險，雖說我們不應因此退卻，但也不意味著我們不用考量風險，不用考量後續所可能造成的正面或負面影響。其二，不該忽略傅柯強調「說真話約定」（pacte parrêsiastique）的組成，是說真話主體與自身和他者之間的條件。他指出，說真話的目的，不僅是表達個人意見，更是希望在公共領域中，促使自身及他人共同擔負公共責任，要捍衛言論自由和民主，就必須促進公共對話。傅柯本人亦表示，說真話是公開言論的必要條件，存在於作為公民與個人之間。換言之，說真話不僅是作為個人的自由表達，亦是作為公民對於君主、統治者的建言(註6)。也是在這個脈絡下，巴禮巴認為需要將表達自由從「主觀權利」理解為「共有資源」，使表達自由是通過集體政治行動所共同爭取來的自由，藉以共同對抗特權與不平等。這一轉變使表達自由不僅停留於個人的權利或自由，而是整個社會共同擁有的資源，它應該被共同維護和最大化。這樣的觀點促進了多元意

6 —　傅柯，鄭義愷譯，《傅柯說真話》，群學出版社，2005，頁 61-63。

見的交流，並強調了民主制度中平等與自由的結合。

　　其次，與「平等自由」相關，但只有在中文版前言提到的「公民力」（civilité）。巴禮巴所謂的「公民力／文明化」，意味著更徹底的民主化或「民主的民主化」，作為一個「反抗公民」（citoyenneté insurrectionnelle），打破固化消極的制度，重新取回公共領域的批判性和反身性，讓個人在彼此相互關係中形成集體責任，只有這種相互依存才能創造平等的條件。巴禮巴也因此稱「公民力」為「抗暴力」（anti-violence），它不同於「反向暴力」（contre violence）。（註7）對他而言，不論是來自於結構的暴力或個人行使的暴力，回應它的方式不是鎮壓或以暴制暴，這都將陷入暴力螺旋循環。他認為公民力政治不可能根植於任何預定的行動準則或規劃中，而必須著眼於當下的情境，即關注暴力內部的元素，它在什麼樣的文化、象徵、物質、歷史等情境下產生，理解暴力是如何以制度性、結構性的方式施行在個人和集體間。因此，「抗暴力」不是個人責任，而是集體責任。抗暴力希望暫停並限制暴力的永久循環，進而打開一個可以重新討論的空間，能夠更辯證、更開放地處於並維持戰鬥狀態（mettre et maintenir en état de combat），巴禮巴因此視「公民力／文明政治」（politique de la civilité）為「抗暴力政治」（politique de l'anti-violence）。「公民力／文明政治」是在每一

7 ─　巴禮巴主張以「公民力／文明政治」（*politique de la civilité*）對抗暴力。因此，他區分了「抗暴力」（*anti-violence*）、「反向暴力」（*contre violence*）和「非暴力」（*non-violence*）。對他來說，「抗暴力」在於揭示反抗和行動的能力，它斷裂既定政治制度，開啟新的空間納入以往在制度性極端暴力下被排除或犧牲的人，制定一系列防止暴力行為的策略及可能性，繼而中斷政治與極端暴力間永恆而反覆的循環。而「非暴力」僅是作為避免或拒絕極端暴力的訴求，但它並無法真的終結暴力，甚至可能招引更大的暴力。「反向暴力」則是對暴力的回應，它是報復性的，以同樣暴力的手段（羞辱、傷害、殘殺等）施加於他人，陷入以暴制暴或更極端的暴力之中。更詳細內容，請參見 *Balibar, Violence et Civilité, Wellek Library Lectures et autres essais de philosophie politique, Éditions Galilée, Paris, 2010.*

次由當下的「公民」抵抗以及持續反叛中建立，從而創造了另一種有別於過去和未來的政治關係。因此，面對民主政治與言論自由的矛盾，不是將其簡化或二者擇一，試圖找尋一個不變的制度，而是面對各種當下的情境中，斷裂現有制度，創造出容納更多陌異者、無份者的制度，以保障言論自由、強化民主韌性，形塑實現「平等自由」的條件。

　　面對各種政治的矛盾與內在張力，各種不正義及威權抬頭的挑戰，巴禮巴的哲學給了我們更繁重艱鉅的工作，他不提供一次性的解方或通用性的理論體系，而是提醒我們必須更細微、更內部、更迂迴地思考每個產生矛盾的當下情境，將自身投身於與他人連結的公共行動和「共同思考」中，努力維護言論自由作為共有資源，以不斷深化民主、「民主化民主」。

洪世謙

二〇二四年十二月，於西子灣

前言

　　這本小書並非（或尚未成為）處理表達自由（la liberté d'expression）問題的體系性「論著」。然而，迫於時勢所需，本書希望能描繪出某種提問的架構（problématique），並提供一些此問題所需的哲學參照，藉此超越或延長（畢竟無法完全超越）對種種時勢的探討。本書由三篇文章組成，章節順序與我書寫的時間先後正好相反。此外，我還再加上一篇附錄作為補充。

　　第一篇文章原先是應丁克基金會（Hrant Dink Foundation）與土耳其伊斯坦堡的海峽大學歷史系、政治科學與國際關係系與社會學系所邀，於二〇一八年一月十七日發表於「丁克紀念講座」。亞美尼亞裔的記者與作家丁克於二〇〇七年一月十九日遭一名土耳其民族主義者刺殺，此後，這一系列講座每年都會在其忌日邀請講者公開演講，藉此紀念丁克。

　　第二篇文章則是幾個關於表達自由與瀆神的「提綱」，原先於二〇一五年十二月發表於紐約哥倫比亞大學的一場研討班上，之後收入我的一本英文著作中。(註1) 這篇文章與引發熱議的「穆罕默德諷刺漫畫」有關。這一系列事件原先起於二〇〇五年丹麥的《日德蘭郵報》（Jyllands-Posten），而在十年後則發生了一場戲劇性的槍殺行動──伊斯蘭「恐怖主義者」槍殺《查理週刊》的編輯群。

　　第三篇文章原先於二〇一六年六月一日發表於巴黎第十二大學（université Paris-Est Créteil）的研究專題「傅柯與主體化／臣服化」（Michel Foucault et la

1 ─　Étienne Balibar, *Secularism and Cosmopolitanism: Critical Hypotheses on Religion and Politics* (Columbia UP, 2018).

subjectivation）。我在這篇文章中重拾並修改我二〇一四年十月十八日在耶魯大學惠特尼人文中心（Whitney Humanities Center）「傅柯：一九八四之後」（Foucault : After 1984）的演講，而這場演講源自我二〇一三年春季與米勒（J. Hillis Miller）在加州大學爾灣（Irvine）分校合開的研討班「重申批判理論」（Critical Theory Emphasis）。將這篇文章放在第三篇，便能回過頭來檢驗前面兩篇文章中所談的、傅柯的「說真話」（parrêsia，亦即言論自由或「說真話的勇氣」）概念。

附錄是一篇原先於二〇一五年一月九日發表於《解放報》（Libération）的文章，彼時剛發生伊斯蘭國（Daech）（註2）對《查理週刊》的恐攻，而我的文章則是對此事件的「回應」。

我最終決定用「言論自由」（Libre parole）這個書名，一部分是因為這是法文唯一能直接翻譯英文 Free Speech 的詞彙——「franc parler」（說實話）是個過時又太過化約的說法；另一個原因是，我們不該把這個根本的概念完全任憑杜蒙使用（註3）。

本書收錄的三篇文章都是介入之作，也同時提出了三則假說。

首先，表達自由構成了鄂蘭所說的「擁有一切權利的基本權利」（le droit aux droits），唯有借助表達自由，民主公民身分才能成為積極的公民身分（是說，「消極」或「被動」的公民身分難道不是個矛盾的表達嗎？）。表達自由的主觀面向是言論自由的行使，言論自由有「起義」（insurrectionnelle）的性質，也因此屬於「法外」（extra-légale）範疇——其有獨立於國家制度的自主性，而民主國家皆須保障此自主性。就此而言，言論自由能對「主權的自我設限」（l'autolimitation de la souveraineté）有所貢獻，畢竟，這正是民主的部分本質。有

---

2 — 譯註：Daech 即是英文世界常見的 IS（Islamic State）或 ISIS（Islamic State of Iraq and al-Sham）。

3 — 譯註：杜蒙（Édouard Drumont, 1844-1917）是法國的反尤人士，他創立的反尤刊物就叫做《言論自由》（La Libre Parole）。

鑑於目前民主在世界各地都已遭受嚴重損害（許多國家甚至直接廢除了民主），我們必須追問，若要恢復民主、擴展民主並使其完善，需要付出什麼代價，以及需要什麼樣的行動。

第二則假說是，雖然表達自由顯然奠基於主觀權利（droit subjectif）——個體抗衡國家權力與社會規範的權利——而自由主義傳統繼承了「臣民」（sujets）歷經許多自由之戰並從君主手上解放之後，原則上已為此論述打下基礎；然而，我們必須再更進一步，將表達自由視為一種「共有資源」（un bien public），藉此打造讓大家共享表達自由的最大可能性條件。由此出發，我們一方面能掀開許多社會（尤其是言論以不平等的方式發出、以不平等的方式被聽見的不平等社會）的「無知之幕」（voile d'ignorance），並讓社會中各個成員能理解其社會的組成與運作，另一方面則能有效將此類社會中的政治權威給世俗化（sécularisation）——把「偶像」（包括「人民」、「民族」、「國家」）給世俗化，讓法律行徑與宗教脫節，不再能藉此來排除或汙名化他者。這兩點是任何想要「民主化民主」（démocratisation de la démocratie）的人都必須把握的核心，而在這個全球化、疆界被相對化、不平等加劇、對他者的恐懼逐漸增強、將他者視為恐怖與反恐對象的時代，這尤其重要。此部分主要與彌爾（John Stuart Mill）、哈伯馬斯與羅爾斯（John Rawls）這三位自由主義傳統中的人對話。 [13]

最後，第三則假說主要受傅柯晚年的課堂與演講所啟發。傅柯晚年大量談論古希臘的「說真話」概念，而說真話的勇氣則是表達自由的種種制度（客觀層面）與言論自由（主觀層面）的結合，兩者共同構成政治場域中的「真理的實例」（l'instance de la vérité），或傅柯所說的「真言化」（véridiction）。此意義下的言論自由並非端視「是否理解真理或真正的意見」而定，也不是將對表達自由的肯認視為將政治與公共生活從屬於某種真理規範之物（即便在「假新聞」與溝通手段普遍遭受控制的年代，表達自由對政治與公共生活的保障極其重要），而是伴隨著政治中許多真理環節而來的種種風險與實驗。換言之，言論自由讓政治成為民主的規範性理念，而這種理念能不斷擴大民眾參與的範圍。 [14]

　　我由衷支持上述假說，因為這些假說將許多迫切的關懷與團結的可能連結在一起，而我一直以來都相信我所使用的哲學資源有其價值，能幫助我們在詮釋種種事態的同時，將這些資源落實於當下。然而，我並不認為這些假說完美無缺，本書也有許多沒有觸及的細節與將這些假說連結在一起的嘗試。我想，要考驗此類假說的連貫性，唯一的方式便是訴諸對話，也就是供讀者評斷。這便是為何我選擇在現在出版本書，而非等到蒐集齊全這些假說無疑需要的所有解釋與論證後才出版。

　　僅將這本書獻給我們在土耳其簽署「追求和平的學者」（Academics for Peace）連署的同事與友人，獻給我們之間的熱情、不安與情感的連帶。「追求和平的學者」在二〇一六年一月十一日發起連署，並表示「我們不會成為共犯」。他們希望能停止對庫德斯坦平民的武裝侵略並展開和談，而這些學者因此被剝奪工作、沒有出入境的自由，甚至在法庭上被指控為「恐怖主義政治宣傳」以及「侮辱土耳其民族」，因而被判刑入獄數年。

暴力時代的民主與表達自由 (註1)

> 遊卡斯特：失去故土難道不是一大惡事嗎？
> 波律尼克斯：這的確是難以承擔、超越語言所及的損失。
> 遊卡斯特：流離失所是什麼樣的感受？為何如此難熬？
> 波律尼克斯：最讓人難受的莫過於失去說真話的自由。
> 遊卡斯特：但照理來說，不能說真話的是奴隸才對。
> 波律尼克斯：奴隸必須承擔權勢者的無知。(註2)

　　感謝土耳其海峽大學與安排丁克研討會的同事與朋友今晚邀請我來發表。丁克被暗殺迄今已十一年，謝謝您們的邀請，也謝謝您們的聆聽。對我來講，這邀請榮幸至極，同時也代表了一種責任。我就跟土耳其和世界各地的許多人一樣，皆認為丁克是真正的「英雄」，他啟發我們介入時局、爭取正義，並

1 — 原為二〇一八年一月十七日於土耳其伊斯坦堡海峽大學的「赫蘭特·丁克紀念講座」。丁克是亞美尼亞裔土耳其記者，建立並主編月刊《犁溝報》（*Agos*），在伊斯坦堡同時以土耳其語和亞美尼亞語編輯。《犁溝報》要求正視亞美尼亞種族滅絕，並倡議在歐盟中的民主國家架構中達成和解，然而，正因如此，他遭受許多民族主義者的敵意與死亡威脅，並在二〇〇五年十月被判刑六個月。二〇〇七年一月十九日，一位十七歲的青年民族主義者刺殺丁克，這位青年最後被判刑十八年，是否有共犯則至今未明。赫蘭特·丁克基金會組織這一系列公開講座，每年也請國際評審頒獎給兩位維護和平與自由的人（一名土耳其人與一名非外籍人士）。

2 — 厄伊庇德斯（Euripides），《腓尼基女子》（*Les Phéniciennes*），388-393。「說實話的自由」翻譯的是 parrêsia（παρρησία）。

讓我們為人類的解放奮鬥的同時，也肯認過去的不義。丁克同時身為記者、知識分子、作家，體現出最為崇高的表達自由，也就是傅柯所說的「說真話的勇氣」——他以這個概念來翻譯古希臘文的「parrêsia」——而以英文來說，就是「fearless speech」。我們都知道，在許多時候、許多場所，隨著說真話的勇氣而來的，是最嚴峻的風險，正如我們在丁克身上所能看到的——他為此付出了生命。隨著追憶英雄的發言而來的，是許多的責任，而我不會迴避這些責任。我不會重複細談丁克的言論與介入，這不只是因為你們比我更了解他，還因為我並不是在自己的國家發言。我會嘗試在哲學的層面上談論啟發丁克的幾個原則，而在當前的處境中，我們仍能持續反思這些原則。這便是為何我提出了一個也許野心太過龐大的講題：「暴力時代的民主與表達自由」。

我剛說過，我並不是在自己的國家發言，而這指的當然是法律上的界定——我無法也不會無視這點，畢竟，世界上的確存在許多疆界。然而，即便許多倫理問題與政治問題因為不同地方的歷史與社會結構而有不同的特色，這些問題本身仍是普世的。我們絕不該忘記民族差異的存在，否則只會在無知的基礎上生產出抽象且傲慢的判斷。同理，我們也沒有理由認為不同民族在暴力與安全、戰爭與和平、自由與宰制等普世的價值判斷上是對立的。此外，我們還必須考量到，我們現在所居住的世界中，所有國家在安全與自由的「對內」政策上都會影響到鄰國的處境，因此鄰國的處境也會反過來影響國家的「對內」政策。所有政策都必然是跨國政策，而在所謂的「歐洲－地中海區域」的疆界上尤其如此。長久以來，這個區域的歷史充滿了衝突與文化交換，而這編織出諸種觀念與共同利益的網絡，在當今，則創造出人口與資源流通的新條件。種種原因使得我們永遠無法斷言「土耳其到底算不算歐洲的一部分」，而我在此僅舉其中兩個原因：土耳其是我們這個區域最偉大的「東方」文明的發源地，即便它植根於拜占庭和伊斯蘭的傳統，也絲毫不減損它是歐洲西方歷史一部分的事實。此外，所有以「歐洲」之名自我主張的政治制度（如歐盟）都無權決定歐洲的「歷史」疆界，例如無法決定博斯普魯斯海峽究竟屬於疆界的此岸或彼岸。因

此，正如我一開始所言，我並不是在自己的國家發言，但作為歐洲公民，我也不把自己定位為外來者（étranger），同時也希望你們不會把我視為外來者。

回到我的標題。標題中說到「暴力時代」，而我想，你們很多人都跟我一樣，多看幾次標題後也不免覺得：哪個時代不暴力？的確，暴力是歷史與政治的普遍情境之一，總是會直接影響政治與歷史相互交織的形式。我甚至認為，民主跟暴力無法分開談論，這不只是因為種種民主機構會自動中性化暴力，也因為追求民主目標或實施民主原則的方式總是關乎暴力與文明力（civilité）的種種策略。反過來說，暴力以哪種政治形式產生或控制，也直接影響了社會與國家民主化的可能性。雖然這樣討論的臆測性質極強，但在討論這些問題時，我們必須區分出行使暴力的不同程度與模態、將不同形式的社會或「結構」暴力與不同形式的政治「情勢」暴力連結起來，並且應該留意，是什麼使這些暴力可能或不可能限縮於一定範圍內。如果在討論自由與民主時，認為暴力（尤其是政治暴力）已經變得極為普世，以至於除了彌賽亞或後革命時代以外沒有任何反暴力或文明力的策略，那這樣的架構可謂大錯特錯。

如果時間允許，我還會再論及別的原因，解釋為什麼我並不採行阿岡本（Giorgio Agamben）提出的詞彙與範疇。雖然阿岡本在近幾年相當出名，對政治暴力與其對日常生活的滲透有相當大的貢獻，我也相當仰慕他並從他身上獲得許多靈感，但我想，我們當前的論辯需要的可能比較不是這些形上學的基礎。(註3) 在阿岡本看來，主權的原則便是將個體化約至比「臣民」（sujets）更糟的處境，也就是「裸命」──隨時能被任意壓制的生命。這也是民族國家政治制度的原

3 —— 我在此所想的是一系列的《神聖人》（*Homo Sacer*）作品。使我收穫良多的當數《例外狀態》（*L'État d'exception*），而讓我有所保留的則是《奧斯威辛留下什麼》（*Ce qui reste d'Auschwitz*），因為他在這本書中提出「營」的範式，並將其與歷史上與當代社會中種種極端暴力的現象一同普遍化。關於這點，我提出的觀點主要收錄在《暴力與文明力》（*Violence et civilité*, Galilée, 2010）一書中。

則。換句話說，阿岡本主張的是，主權總是能讓例外狀態化為常態，並將一切納入其掌握中。然而，在我看來，如果要探討社會中種種政治制度的興衰，以及這些制度在民主與獨裁間的擺盪，就必須在概念層面上區分出常態與例外，即便這區分有時顯得格外脆弱。如果我們不想單純把戰爭與和平、統治與滅絕、合法性（légalité）與其對公民基本權利的侵蝕混為一談，那做出區分便更為重要。

　　然而，在此我們還需要另一個提醒：正如韋伯（Maximilian Karl Emil Weber）與其他人所言，現代國家將自身定位為「組織性暴力的壟斷者」，或是「合法暴力的壟斷者」。（註4）壟斷合法暴力原先是為了要保護公民的個人活動並保障公民社會的和平，但在歷史上，許多時候對（某部分的）國民發動內戰（無論是否公開發動內戰）的，正是國家。為了主張國家主權或國家治理者的權威，國家將自己的公民限縮至無能的處境，不但禁止抵抗或任何形式的不服從，也禁止挑戰官方真理。當然，這正是民主的否題。無論我們採用哪種憲政架構，民主都是——再次引用韋伯傑出的術語——弔詭的體制，民主需要公開反駁（contradiction publique）掌權者的所作所為，而這些公開的反駁在民主體制內都是合法甚至必要的。（註5）或者，把這想法推到極端，我們可以說，民主最大幅度接納並接受內部批判所帶來的風險——甚至是公民對體制掌權者提出的批判。民主體制的強大之處就是其弱點，也就是賦予公民最大程度的權力，而公民時不時也能成為與體制抗衡的人。在我看來，這種澈底的民主在今日世界各

4 ─ 請見柯里歐─泰連那（Catherine Colliot-Thélène）新譯的〈政治作為志業〉（« La profession et la vocation de politique », 1919, dans M. Weber, *Le Savant et le Politique*, Paris, La Découverte, 2003）。在前言中，柯里歐─泰連那對此概念的來源給出了清楚的闡釋。

5 ─ 韋伯思想中的這個面向主要出自《經濟與社會》（*Économie et Société*）第二卷（*La Ville*, tr. fr. et introd. Aurélien Berlin, postface d'Yves Sintomer, Paris, La Découverte, 2014），關於對此面向的評述，請見拙作《公民身分》（*Cittadinanza*, Turin Bollati Boringhieri, 2012; *Citizenship*, Polity Press, 2015）。

地的確遭受非常嚴峻的威脅與限制，在我們這個地中海空間尤其如此。即便各國面臨的問題有所差異，但這些差異也不是絕對的。某些政治理論家將此處境描述為世界史中的「去民主化」（dé-démocratisation）時刻。(註6) 我們該如何分析「去民主化」的症狀？我們該如何想像翻轉當前處境的策略？

民主是不是一種政治體制？

至此，請容我先花點篇幅解釋為何我認為言論自由的實踐是民主的根本原則之一，或者，套句鄂蘭在《極權主義的起源》的話來説，言論自由是民主所奠基的「擁有一切權利的基本權利」。(註7) 言論自由實際上是民主最主要的「弱點」，我們在借助言論自由抵抗主權暴力之前，會先被反民主政府當成眼中釘。此外，我們也無從澈底迴避言論自由自我瓦解的可能。要解釋這點，就必須再多解釋一下，為何作為政治體制的民主其實蘊含種種弔詭。這是本次演講的第二個重點。由此出發，我們便能問道，民主是否是一種體制，或究竟有無絕對的「民主體制」，並揭示其內部的弱點源自何處。在今天的國際辯論中，民主的弱點在「民粹主義」的種種辯論中再明顯不過。

6 — 尤其請見布朗（Wendy Brown）《世界政治的新樣貌：新自由主義與新保守主義》（*Les Habits neufs de la politique mondiale. Néolibéralisme et néoconservatisme*, Paris, Les Prairies ordinaires, 2007）以及桑托邁（Yves Sintomer），〈後民主與法國民主的威權化〉（« La postdémocratie et le devenir autoritaire de la démocratie française », *Revue du Crieur*, Mediapart / La Découverte, nº4, 2016）。

7 — 請見拉跨（Justine Lacroix）與彭歇（Jean-Yves Pranchère），〈「擁有一切權利的基本權利」：重探鄂蘭〉（« Le "droit d'avoir des droits". Retour sur Hannah Arendt », dans *Le Procès des droits de l'homme. Généalogie du scepticisme démocratique*, Paris, Le Seuil, 2016）。近幾年如德古耶（Stephanie DeGooyer）、杭特（Alastair Hunt）、脈克維爾（Lida Maxwell）、莫因（Samuel Moyn）等人在《擁有一切權利的基本權利》（*The Right to Have Rights*, Londres, Verso, 2018）中也有許多有趣的討論。

25　　　我從韋伯借用一個挑釁的民主定義：在民主體制中，反對是絕對的常態，換言之，民主並無預設對（合法）權力的服從，但這並不代表民主必然採取無政府、無權威（anarchie）或甚至內戰的形式。除非民主或多或少受到限制，否則，正是民主的這個弔詭特質讓許多統治者害怕民主，或者，以洪席耶的話來說──憎惡民主。（註8）我們也能將其視為社會學問題，以韋伯在比較不同體制時所應用的「合法性」邏輯來解釋。只要各個體制都是透過制度來挪用權力，政治體制便只有在能找到確保公民服從的方式或盡可能讓公民從屬於統治者時，才具有正當性。無論從傳統體制（不論宗教或世俗）、官僚體制（或者今日所說的專家統治）、領袖魅力（也可以說是「聲望」或「知名度」）的角度來看，皆是如此。然而，民主的合法性奠基於全然相反的原則，其並不先驗地確保對統治者的服從，這也不禁讓我們探問，民主到底是不是一個政治「體制」？由此得出的主張是，世上並沒有所謂「真正且絕對民主的體制」，或者，假設如果這類民主真的實現了，那麼，政治制度本身便會走向滅絕之路。有鑒於這個主張讓我們得以著手於某些世界當前處境中越來越明顯的困境，以下我會先檢驗一下這個假說。

26　　　顯然，主張民主不是體制或是某種超越政治範疇之物，是非常冒險的判斷。對於生活在不同程度的非民主國家（全體主義、獨裁國家或威權國家）的人民與公民來說，這種說法似乎消解了種種界定民主的標準，使人難以奠立（或重建）能保護公民基本權利的憲政體制。而這些權利早已在《世界人權宣言》等歷史文本中獲得明確定義。另一方面，若把民主等同於其形式規則，因此等同於任何遵循這類規則的體制，那麼，便有可能將某些實際上純粹奉行寡頭的國

27　家或體制稱為「民主」體制，但在這些國家中，公民參與公共事務的權利，事實上都被技術官僚、經濟或文化菁英所掌控。我們必須嘗試超克此兩難。我想，從歷史的經驗來看，「民主」這名稱不曾真正對應到任何一個單一意義且穩定

---

8 — 洪席耶（Jacques Rancières），《憎惡民主》（*La Haine de la démocratie*, Paris, La Fabrique, 2005）。

的體制，也就是說，民主從來就不是一勞永逸或恆久不變的體制。在既有的歷史條件中存在且能持續存在的，是法律制度與——借用土耳其裔加拿大政治學者伊心（Engin Isin）傳神的表達（註9）——公民身分集體行動的動態結合，共同極大化人民自我治理的能力，並發揮平等即自由（l'égaliberté）、要求統治者聽命於被統治者。因此，「民主」指涉的總是諸多人民與民族生命中的一個環節，而非形式上的體制，而民主內部本身也總是衝突的。正是在如我們今日所處的關鍵環節中，我們才開始意識到民主的普遍規則：民主指涉的並非憲制權（pouvoir constitué），而是「去民主化」與「民主化」間的持久張力。換句話說，我們一方面能看到人民的政治能力逐漸被種種機制剝奪，而這剝奪可能粗暴至極，也可能是不可見的，也就是統治者的腐敗、官僚權力的崛起、代議者變成職業政客等等。另一方面，我們仍有「民主化民主」的可能性，而這所仰賴的也許是重新啟動從過去浮現出來的種種參與型態，也可能是依照當前社會條件而發明的新型態的平等與自由。（註10）然而，我的論點與古代形上學原則（亞里斯多德）恰恰相反。民主沒有中間項——民主化過程若沒有穩定前進，便會倒退，或者，民主不倒退的唯一可能，便是不斷重新發明其總是已然處在當下的未來。

有了先前的論點後，我現在想再進一步檢驗三個更具體的問題：當前「去民主化」過程中幾個典型的面向；以什麼方式推進民主才能抵禦威權主義；以及，最重要的，該如何應對「民粹主義」的問題。

我不會在第一點著墨太多，原因並非這問題不重要；恰恰相反，這問題值得一篇完整的討論。如果要追問在當前是哪些機制把世界各地的公民化約為集

9 — 伊心與尼森（Greg M. Nielsen）編，《公民身分的行動》（*Acts of Citizenship*, Londres-New York, Zed Books, 2008）。

10 — 請見拙作《平等即自由倡議》（*La Proposition de l'égaliberté. Essais politiques 1989-2009*, Paris, PUF, 2010）的導論。

體的無力（impuissance collective）或剝奪其政治權利，我們也許可以說，這些出自不同趨勢（tendances）的結合：侵略性極強的現代官僚傾向致力於以匿名的行政與經濟專家治理來取代代議政府（自由主義的特色），（註11）以及另一種較為古老的（看起來似乎像是「回到」全體主義體制）趨勢，也就是將權力實行給人格化。第一種趨勢是新自由主義，因為其最終仍與資本主義全球化及金融化緊緊扣連，使得真正的權力核心發生錯位，移至其歷史組成元素（「人民」或「民族」）之外。第二種趨勢則是為威權行政所服務，抹除所有的質疑或中和所有的對立，並開始利用「領袖魅力」、動員集體熱情，彷彿重拾了君主權力的傳統。這兩種顯然對立的民主解體模式是如何在同一個過程中接合起來並互補的？大多時候，是民族主義接合了兩者。然而，民族主義幾乎在每個國家都有相當悠久或近期興起的根源，而許多日益嚴重的社會不平等和金融資本造成菁英墮落後所引起的憎恨，都能被民族主義有效轉移為對抗（無論真實或假想的）內敵或外敵。技術官僚與威權政府都無法在政治實踐中有效地與公共自由相容；相反地，兩者都與腐敗和不平等有緊密連結。因此，兩者此刻的結合實際上是對世界發出警訊。無論是被視為理所當然的民主型態，或是自由主義者「歷史終結論」中註定來臨的未來，似乎都變得岌岌可危。

因此，我們的問題成了：如何保衛民主？也就是說，如何再造民主？如何重新發明民主？顯然，世上並無普世有效的策略。即便問題本身與隨之而來的前景都是普世的，但真正的公民身分的行動總是根植於每個政治共同體獨一無二的歷史。但我們仍能藉助一些一般性的規則來思考此問題。一切原則的原則是：我們只能透過民主的手段來建立或重塑民主。民主無法被強迫建立。這裡牽涉到的是許多至關重要的憲政原則，而這些原則都是幾世紀以來各地民主抗

11 — 「治理」（法：gouvernance；英：governance）是世界銀行專家在一九九〇年發明的詞彙，藉此讓經濟技術官僚取代政治民主。其歷史根源請見 *Parolechiave* (Rome, Carocci), n° 56, 2016。

爭所獲得的結晶。然而，憲政原則無法以純粹法律的形式存在或抵抗，因而必須同時仰賴法外的運動與實踐，也就是超出法律要求與授權的實踐 ── 我所說的並不是暴力的實踐，雖然暴力實踐似乎必定有其「起義」面向，且此面向呼應了公民為了爭取權利而起身反抗或暴動的事實；恰恰相反，我堅信，在當今的每個處境中，國家都已然壟斷暴力並對其公民發動暴力，唯一有效的抵抗策略與革命策略，便只有非暴力策略。

　　我剛剛說，某些由自由主義政治傳統所發展出來的憲政原則至關重要，而我們無論如何都必須捍衛並重申這些原則。有鑒於在不同歷史與司法傳統下有不同的脈絡，我們在此就先提幾個廣為人知的原則：權力分立（或監督並平衡權力）；能讓公民有效地規律控制其代議者的活動，並要求能在政治與法律層面向他們問責；保障政治與意識型態上的多元主義，因此也完全且充分地承認反對政府有其合法性。（註12）如果看看至今仍對全世界宣稱自己是民主燈塔的民族國家的現況，我們還得再加上一些憲政原則來避免經濟、政治與媒體權力集中在同一群人手中，並限制財團大幅介入選舉過程。然而，對我來講，最重要的憲政原則，或能確保將其它原則結合為一貫的整體的要素，無疑是司法獨立 ── 獨立於政治壓力、獨立於貪腐，最重要的是，獨立於政府本身的干預。唯有如此才能保護公民抵抗權力濫用的能力及其異議權。眾所周知，威權體制時常以國安或「反煽動」為名來正當化其對司法獨立的限制與壓迫，然而，他們顯然忽略的是，正是司法獨立保護社會免受來自「內部」的暴力，尤其是統治者的暴力。因為，如果行政官或統治者不接受問責，或公民無法成功訴諸法院，不正義的感受 ── 史賓諾莎所說的「憤慨」（indignation） ── 便只能以暴

32

33

12 ─ 在此我所依循的是盧森堡（Rosa Luxemburg）在立憲議會瓦解後寫給列寧的：「自由總是有不同想法的自由」（Freiheit ist immer Freiheit des Andersdenkenden）。這句話出自一九一八年的《論俄國革命》。

力的型態表達出來，而由此便開啟了威脅民主的迴圈。

然而，我同樣也說過，在憲政原則之外，或者是為了讓憲政原則能有效施行，還必須有能抵抗「去民主化」（dé-démocratisation）的積極民主要素。我稱此為「法外」。近年許多「發明民主」（勒佛〔Claude Lefort〕的詞彙）、伊心所說的「公民身分的行動」或霍斯頓（James Holston）所說的「起義的公民身分」等民主篇章，都闡釋了自主集體運動再造政治參與和重塑民主治理性的能力。近年來許多「集會」運動在不同板塊上不斷發生，雖然各自說著不同的語言，但也都是這類發明的顯例，其中不難觀察到令人驚豔的創造力與民主熱忱。土耳其在不久前也同樣產出最顯著的案例之一。（註13）當然，「法外」是個非常有問題的範疇，我不會不假思索地使用這個詞。我們不應該將「法外」與「違法」（illégalité）劃上等號：有鑒於群眾集會挑戰了政府對權力的壟斷，政府可能會禁止並壓制群眾集會，但這並不代表集會是違法的──集會甚至對表達自由有顯著的貢獻，我稍後會再回來談這點。集會的力量與弱點、價值與限制等，現在都是許多人跨國辯論的目標。一方面，許多人強調，群眾集會代表公開政治辯論的「質的轉變」，不僅復甦了古代的直接民主形式，還結合了強大的平等論述倫理並超克種種歧視（如職業與性別歧視）的形式。另一方面，也有不少人主張，群眾集會無法質疑國家權力運作層面的問題、無法超克特定的階級屏障──借用史碧華克出名的說法──無法論及「無法發聲」的底層人民，也沒辦法有超越國界的溝通（語言的問題在此再次浮現出來）。（註14）這些說法也許都能成立，但在我看來，我們不應被這種種辯論模糊了焦點：雖然許

<hr>

13 ─ 在此，我指涉的是二○一三年占領格茲公園（Gezi Park）與塔克西姆廣場（Taksim Square）的運動。請見因色（Ahmet nsel），《艾爾段的新土耳其》（*La Nouvelle Turquie d'Erdogan*, Paris, La Découverte, 2015）。

14 ─ 史碧華克（Gayatri Chakravorty Spivak），《底層人民能發聲嗎？》（*Les Subalternes peuvent-elles parler ?*, tr. fr. J. Vidal, Paris, Amsterdam, 2009），本文最終版收於《後殖民理性批判》（*Critique of Postcolonial*

多記者與政治理論家皆認為群眾集會是「民粹」運動，但群眾集會實際上正代表了唯一一種能在民粹主義的範圍中挑戰「民粹主義」的政治創新形式，也就是說，群眾集會並不是以「咒逐」（anathèmes）或「劃界」（barrages）的型態運作（Müller），而是為了回應常民被從政治領域中排除或淪為被動公民（citoyens passifs）的感受而起的另類動員。因此，若以我幾年前在雅典提議使用的詞彙來講，群眾運動並非「民粹」，而是「逆民粹」（contre-populistes）。(註15) 為了避免所有可能的混淆，我把「逆民粹」與「反民粹」（anti-populisme，當今最廣為人知的風潮之一）區隔開來（但我知道這並非在所有語言中皆適用），因為逆民粹並沒有忽視對人民的賦權，且其任務正是透過重新活化「人民」以及**民眾**（demos）的意涵、拒絕與專制民族主義論述混淆，並扛起「民主化民主」的挑戰。這是當代政治中的核心議題。現在，民主能否超克其歷史危機已成為一大問題，因此，我的演講接下來會特別聚焦在民主與民粹的關係。

　　為什麼無論我們是不是政治哲學家，都相當重視此刻關於「民粹」的討論，或傾向以民粹的擴張來解釋民主危機的可能走向？更重要的是，為什麼「民粹主義」能被呈現為對民主的致命威脅，但也有人主張民粹能有效（但危險）的防止民主衰弱？的確，雙方都提出許多傑出的論點，其中許多論點也都站得住腳。我在此想談其中幾點：我們可以將民粹主義視為新自由主義治理及其普遍競爭規則的補充，當其填滿了民族主義色彩更是如此；然而，民粹主義也可以是防禦極端個人主義的機

36

37

Reason. Toward a History of the Vanishing Present, Cambridge, Mass., Harvard University Press, 1999）。
　　〔譯註：譯本請見張君玫譯，《後殖民理性批判：邁向消失當下的歷史》（群學，2006）。〕

15 ─ 穆勒（Jan-Werner Müller），《什麼是民粹主義？指認出威脅何在》（*Qu'est-ce que le populisme ? Définir enfin la menace*, Paris, Premier Parallèle, 2016）〔譯註：譯本請見林麗雪譯，《解讀民粹主義》（時報出版，2018）。〕；巴禮巴，《歐洲，危機與終結？》（*Europe, crise et fin ?*, Lormont, Le Bord de l'eau, 2016）；〈民粹／逆民粹〉（« Populisme/Contre-populisme », *Actuel Marx*, nº54, 2013/2）。

制——而這防禦機制同時也可能為與其對立的目標所服務。我雖不拒絕這類討論，但我也認為，我們應該要在更深的層面上談論民主發明與民粹主義的矛盾接合，並批判地檢視「人民」——人民主權與民主政策的「基礎」——究竟為何。（註16）

鄂蘭與勒佛在數十年前談過內在於「人民」的困境，亦即「民主」與「全體主義」間的衝突。兩種體制都主張其合法性來自人民的支持與參與，但卻是以相反的方式執行，其制度層面的目標也是相反的。換句話說，正是「人民」這個概念內部的擺盪創造出民主政治實踐或全體主義政治實踐的分歧。這歷史的兩難能讓民主死亡，也能讓民主重獲新生。「人民」也許是讓公民相信並熱情依附其上的神話，而這個神話代表的是不可分割的絕對一統，因此也就暴力地抹除了種種差異、異議與內部的他異性。但「人民」也可能是從實踐的角度建構出集體權力，透過理解「人民」自身內部相互矛盾的利益與多重的構築性身分——也就是內部的多元主義——來面對種種歷史的挑戰與危機。因此，民主的賭注（pari）並不否認唯有積極主動的人民與公民才能賦予政府合法性；與此同時，民主也沒有幻想以圍籬眷養人民。民主關乎的是解構神話性的統一體，並以共同審議的集體取而代之，藉此把「排除」轉變為「相互」（réciprocité）。因此，民主對應到我先前所說的「逆民粹」發明，而許多論者則將此視為由「群眾」或「諸眾」所建構的民主政治。

這類政治發明中最強大的手段（但正如我們所知，也是最脆弱的保障），就是公民的言論自由，而這是憲政體制中表達自由的「主觀」面：在國家民主化過程出現的「權利」之一，但也與其它基本權利有著相當大的區別。我希望在演講的最後一部分跟大家討論這點。

---

16 — 伯恩（Thomas Berns）與卡黑（Louis Carré）編，《人民之名》（*Noms du peuple*, Paris, Kimé, 2013）；布哈（Gérard Bras），《人民諸道：一條概念史的多種元素》（*Les Voies du peuple. Éléments d'une histoire conceptuelle*, préface d'Étienne Balibar, Paris, Amsterdam, 2018）。

表達自由與說真話

　　在我定義此脈絡下的「權利」之前，我想再一次談談讓我們擔憂當前民主的幾個基本事實。正如我們所知，在不同的時間與空間中，媒體自由（liberté de la presse）皆在不同程度上被肯認為基本價值之一。根據羅馬法典，審查制是古典國家法的必要元素；但在今日，除了戰時的例外狀態，審查制度通常不被視為法治國家應有的合法政府形式。儘管在原則的層次上有如此重大的改變──而這是自由主義所帶來的效應──但全球最具權威性的言論自由觀察機構仍提出以下報告：在二十一世紀的全球處境中，表達自由反倒開始退步了，而這點在獨立媒體（出版、新聞等）自由上尤其明顯。（註17）現實處境與種種原則和聲明之間發生了極大的衝突，這不只是暴力的效果或暴力時代民主倒退的「附帶損傷」，也是整個民主倒退的核心本身。我們可以從兩個方向來探討這點：表達自由在整個基本自由的體系中占據什麼位置，以及表達自由如何與言論自由的實踐相互接合。

　　自由主義傳統中的民主自由與民主權利有其序列，從個人安全到個人自主（本質上來說，便是構成個體權利與能力的要素）漸進發展為創造能讓個別主體成為積極公民的種種條件，並讓公民得以參與其共同體的政治事務。然而，這些權利實際上是集體權利。這並不是說某些權利比別的權利更重要，而是指諸種權利之間其實是互為條件的關係。很多時候，正是許多個體嘗試集體施行其政治權利，並在論爭中站在某一方為原則而戰，他們的自由與人身安全才因此受到威脅。人身保護令是保障人身安全的底線，若連人身保護都沒有，便無法有任何公共活動與共同體。但在底線之上，我們還得識別出另一道門檻，這是主體／臣民成為真實的公民所必須跨越的界線，唯有跨過這道門檻，他們才能打造出公共空

17 ─ 請見自由之家（Freedom House）對世界各國出版自由程度的比較：https://freedomhouse.org/report-types/freedom-press。

間，並與共民（concitoyens）一同分享參與公共辯論的能力。如果個體與群體無法享有表達與言論自由，便不可能達成這點。因此，正如我一開始所說，表達自由是鄂蘭筆下的「擁有一切權利的基本權利」。在鄂蘭的著作中，這說法似乎只適用於以下法律事實：個體若要成為積極的公民，便必須被肯認為公民共同體的成員，而這共同體通常就是民族國家。但無論這個「被動」的條件在個體與群體遭受迫害、去國籍化、褫奪公權，甚至面臨社會性死亡時有多重要，我們都能再另外加入一個「主動」與積極的面向。表達自由的「主動」面向讓公民能夠從守法、聽命、投票、填行政表格、回答問卷調查的被統治者，轉變為城邦共同體的行動者或「成員」，藉此真正實踐「擁有一切權利的基本權利」，或甚至要求一切權利的權利（如要求一切自由中的根本自由）。這不僅對個體有利，也對國家有利：若一國之中的公民處在被動狀態，只限於服從，而無法自由與彼此討論自己當前的處境、需求與意見，那這便是個不知道自己究竟統治並代表何種社會的國家。無論發出再多的問卷調查，這類國家都是盲目的，無法理解自己的事務，因為──再次借用一個哲學術語──它已被「無知之幕」給罩住。（註18）因此，就政治或民眾層面而言，表達自由的重要性使其成為種種民主制度的基石，這不僅是因為表達自由能夠保護主體的自主性以及其它基本權利和自由（流通、所有物、生產並交換商品、信仰或改宗等等），也是因為表達自由或溝通自由讓社會理解自己（即便不是「透明」的狀態），因此也能治理自己、改變自己──而這一切都有產生衝突的風險。

至此，我想再另外討論「表達自由」與「言論自由」的接合。這兩個概念不停擺盪，且並非所有的語言（或司法文本）都有區隔出兩者，因為兩者之間有緊密的連結，在使用上有時選擇其一只是單純用詞的問題或風格上的細節。（註19）

---

18 — 請見本書第二章，以及柯里歐－泰連那，〈人民的無知〉（« L'ignorance du peuple », dans Gérard Durprat (dir.), *L'Ignorance du peuple. Essais sur la démocratie*, Paris, PUF, 1996）。

19 — 請見索邦大學教授魏伯（Michel Verpeaux）的比較研究〈憲法學中的表達自由〉（« La liberté

確實，兩者時常指涉同樣的處境與活動，但若能藉兩者的差異來思考幾個關鍵問題，應是不錯的嘗試。

　　由此我們便能談論並非純粹語言的種種表達形式，或主體間的交流方式：書寫、影像、身體語言、音樂，以及藝術。表達自由的定義延伸到許多不同的媒介與語言（而種種限制與禁令往往就是由此萌芽），且能區別出此基本集體權利中較為客觀、制度性的一面，以及主觀、個人的層面。我以「表達自由」來涵括所有共同形成「公共領域」（Öffentlichkeit）的制度、活動與效果。(註20) 種種表達自由逐漸（尤其是在「啟蒙」時期）為人闡述並形成其結構後，共同型構出現代政治民主化的條件：媒體自由、保障自主研究的「學術自由」、出版書籍、期刊、百科全書與影視作品的自由。隨之而來的是司法獨立、公開審判，並保障律師的控告權和辯護權。最後還有集會權以及教導宗教或世俗學說的權利。這種種變成一個極度複雜的制度體系，而這體系則與別的理論家所說的「公民社會」共同增長。然而，是什麼讓這些制度相互接合並一同運作？是讓我們討論的種種觀念、藝術、資訊與知識的流通。因此，表達自由在這過程中不再只是個純粹的私有物或「個人所有」（propriété de soi-même / self-ownership），而轉變成某種共有資源。時至今日，許多法學家開始對這類「共有資源」產生興趣，因為它們能供無數人使用，且取之不盡用之不竭，也不會有任何人「失去」這類資源（甚至可能因為更多人參與而使此類資源變得更豐富）。(註21)

d'expression dans les jurisprudences constitutionnelles », dans les *Nouveaux Cahiers du Conseil constitutionnel*, nº36, juin 2012 : https://www.conseil-constitutionnel.fr/nouveaux-cahiers-du-conseil-constitutionnel/la-liberte-d-expression-dans-les-jurisprudences-constitutionnelles）。

20 ─ 哈伯馬斯（Jürgen Habermas），《公共領域的結構轉型》（*Strukturwandel der Öffentlichkeit* [1962]; tr. fr. M. Buhot de Launay, *L'Espace public. Archéologie de la publicité comme dimension constitutive de la société bourgeois*, Paris, Payot, 1997）。〔譯註：譯本請見宋偉杰等譯，《公共領域的結構轉型》（聯經，1999）。〕

21 ─ 「共有資源」與「公共領域」之間的衝突，請見經濟學家奧斯通（Elinor Ostrom）的倡議：《治理

　　然而，要讓觀念與資訊流通並平等分配給每個人當共有資源，我們還需要別的東西——這是種種制度的「生命」（並非規定而僅是促成制度的條件），也就是人的「主體」活動（*une activité personelle, « subjective »*）。我想，我們可以賦予這類主體活動「言論自由」的美名。言論自由只能共同行使，且需要制度性的條件（書籍、報章雜誌、集會、聚會、教室、圖書館、書店、劇場與電影院、教會、清真寺等），但最終，這仍是諸多個體所發起的行動，而這些個體則藉由此行動跨越私領域的疆界，走至公領域發言，以彰顯其公民身分。(註22)我們先前提過，民主政治同時需要法律與法外的集會，而現在我們可以再說，先有基本自由才有別的政治權力，而若要有基本自由，則需要種種不同的制度，其自主性不被威權截短或壓制。除此之外，我們還需要言論自由這類主體能力，而國家則需保障言論自由不受國家本身侵害——這是哲學家所說的「危險的增補」（*dangereux supplément*），也就是民主化民主的永久條件，因此，實際上是民主本身在行動中不斷發明自身。(註23)

結論

　　談完在表達自由與言論自由的架構中肯認擁有一切權利的基本權利之後，我

共有資源：理解自然資源的新進路》（*La Gouvernance des biens communs. Pour une nouvelle approche des ressources naturelles*, Paris, De Boeck, 2010）。

22 － 此處的類比請見馬基維利《君主論》第七章中所說的「從私人條件過渡至君主條件」（le passage de la condition d'homme privé à celle de prince）。

23 － 此處所說的「哲學家」當然是德希達，他從盧梭著作的詮釋中提出「危險的增補」，並成為其哲學的奠基，請見《書寫學說》（*De la grammatologie*, Paris, Minuit, 1967）。史碧華克將其轉化為積極、主動的模式：「增補啟蒙」、「增補普世主義」。請見史碧華克，《全球化時代的美學教育》（*An Aesthetic Education in the Era of Globalization*, Cambridge, Mass., Harvard University Press, 2012）。

最後想談一下隨此而來的責任問題。就哲學的層面而言，我首先想說的是，表達自由與言論自由都是人類的基本需求，或者說，是根植於人性本身的需求。十七世紀中葉，在建構現代國家時，權威原則與自由原則猛烈相互撞擊，彼時的哲學家史賓諾莎便在其《神學政治論》（1672）中表示，所有的自由都有可能受到阻礙與壓抑，但總是有個「無法再壓抑的最小限度」（un « minimum incompressible »）：個體無法不想要言論自由，也就是說，個體無法不**表達自身**。（註24）姑且不論「自願為奴」這難題，我想，史賓諾莎不無道理，而這也解釋為何即便言論與表達在不同歷史與文化中有不同的形式與詮釋，這兩種自由所體現的力量仍是一種普世的權利訴求，而非「西方」、「資產階級」、「菁英」或純粹「智識」的權利。我們如果想要探究與自由相關的責任問題，以及表達權究竟能否有**合法的邊界**或限制，便可由此出發。難道這種保障一切權利的基本權利、開啟以人民利益為主的政治的權利，不該是不受限或不受法律所限（absolu）（註25）的嗎？我認為這的確是不受法律所限的權利，但我也好奇國家（即便是宣稱遵循民主原則的國家）為何時不時在表達自由與言論自由上多加限制。其中一個原因很單純：大多時候，國家雖將自己表現為普遍利益或法治的代表者，實際上卻只是保護私人利益、階級利益，或掌權者的利益──藉此無限期掌權。因此，國家害怕由集會權、媒體自由、學術自由、不受限的藝術表現等而來的集體賦權，而最讓國家擔心的，也許是傅柯筆下極端形式的言論自由──他晚期著作翻譯古希臘的「說真話」（parrêsia）時所說的「說真話的勇氣」，或者，對權力說真話的勇氣。（註26）

49

50

24 ─ 此處所指涉的是《神學政治論》第二十章，請見我在《政治史賓諾莎：跨個體》（*Spinoza politique. Le transindividuel*, Paris, PUF, 2018）第一部分第五章〈政治與溝通〉（« Politique et communication »）中的評論。

25 ─ 譯註：「absolu」（絕對）一詞源自拉丁文的 absolutus，原意為「免除於（法律）」。

26 ─ 請見本書〈言說與辯言／矛盾：傅柯著作中幾種「說真話」的形式〉。

　　的確，許多人觀察到，因為言論本身就是行為（actes）、就是在特定社會與歷史環境中激起熱情並煽動暴力的行動，因此，表達自由不免產生衝突，而這便讓我們感到需要對表達自由多加設限。某些暴力是私領域的，但某些則是公開的，也因此對政治空間造成威脅，或讓社會成為自己的敵人。社會衝突擺盪於多元主義與內戰兩端，而我們必須找到平衡點，仲裁也是必要的。即便不是壓迫性的國家，通常也會將表達自由的範圍設得相對狹窄，並將自己視為仲裁者。然而，即便處在「暴力的時代」，民主也必須反其道而行：我們必須盡可能撐開表達自由的範圍，接受「說真話」本身的種種風險，並承認公民犯錯、冒犯與反對民意的權利——當然，所謂民意並非單一不變，亦會隨著時代而改變。廣義來說，這代表主權者雖然有責任規範意見與言論的流通，或對此設下規矩，但從民主的觀點來看，主權者的主要責任並非禁止，而是自我設限：主權者有責任限制自己的權力，不該踐踏公民的意見與表達權，因為唯有公民的自主性才能盡可能解決治理複雜社會時所出現的「無法解決」的問題，並創造更多人能一同共享的知識，最大化主動權，並最小化暴力。這便是另一種表達民主弔詭的方式：民主不是體制，而是一個歷史環節，而國家在此否定其自身的絕對權力，或理解到自己不得不這樣做。

　　在演講一開始，我向丁克的勇氣致意並追憶了他悲慘的命運，因為我今天完全是追隨他的腳步所發言的。在結尾處，我必須得說，在我看來，除了再次提起他的例子外，沒有更好的方式能總結這場演講了。如果「說真話」確實存在，也就是最純粹的言論自由形式，那便是丁克以負責任的方式發表言論的時刻。這對他與其他人來說都危險至極，而丁克也正是因此失去了生命。這也表明了，若自由需要保護，且要能成為「真實」的自由，那我們便需要重新創造並實踐自由。只要我們謹記這個例子與別的類似的例子，便能循其道而行，而沿著這條路走，便能在暴力時代呵護民主的胚芽。

表達自由與瀆神 (註1)

1. 言論自由與主觀權利：從所有物（propriété）到「平等即自由」（l'égaliberté）

　　1.1. 我們必須擴大「表達自由」的意涵，不僅將多樣的表達方式（不只是單純的「說」或書寫下我們所說的話）涵括在內，也得同時考量完整的溝通情境，亦即在全球化世界裡權力關係衝突中的溝通。這是朝「質」與「量」兩個方向的延伸，但在公共空間中兩者則相互關聯，因為不只觀念、論述與訊息，就連影像、景觀、集體事件的報導都在新舊媒體中跨越疆界的流通。

　　1.1.1. 表達自由與言論自由（英文的 free speech）雖然是兩個相近的概念，但兩者並非絕對可相互替換。美國立國基本文件（從憲法第一修正案開始的一系列討論）以非常複雜的方式構築出了一種普遍的「表達權」（droit d'expression）的概念，並以「言論自由」表達這種權利：「國會不得制定有關下列事項的法律：確立一種宗教或禁止信教自由；剝奪言論自由或出版自由；或剝奪人民和平集

---

1 — 本文中的命題（或者，精確一點來說，應該是假說）源自我在二〇一五年十二月三日參加哥倫比亞大學「文學研討會」（Literary Seminar）的報告，這研討會由薩伊德創立，而該場次則由羅賓斯（Bruce Robbins）策劃。在迪雅納（Souleymane Bachir Diagne）與羅賓斯針對本文第一到三點回應後（〈權力話語：評巴禮巴〉〔« Power Talking: A Commentary on Balibar »〕，http://quarterly.politicsslashletters.org/power-talking-a-commentary-on-balibar/），我又多補充了第四點與第五點，並在註腳中釐清一些問題。本文英文版收錄於 *Secularism and Cosmopolitanism. Critical Hypothesis on Religion and Politics*, New York, Columbia University Press, 2018。

會及向政府要求伸冤的權利。」（Congress shall make no law respecting an establishment of religion, or prohibiting the free exercise thereof; or abridging the freedom of speech, or of the press; or the right of the people peaceably to assemble, and to petition the Government for a redress of grievances.）而有鑒於《普世人權與公民權宣言》中主張「交流的自由」或「溝通的自由」（liberté de communiquer），法國傳統較為注重盧梭式的「表達自由」（亦即形容法與普遍意志之間的關係）。《普世人權與公民權宣言》第十條：「只要個人的意見甚至宗教的表現（manifestation）沒有擾亂法律所建立的公共秩序，任何人都不應為其意見與宗教的表現而遭干涉。」第十一條：「與他人自由交流思想與意見是人類最寶貴的權利之一，只要在法律限制範圍內不濫用此權利，所有公民都能自由發言、書寫並出版。」一九四八年的《世界人權宣言》第十九條則如此闡述表達自由：「所有個體都有發表意見與表達的權利，此項包含不因表達意見而遭他人干涉的權利，以及不分國界、不論手段，尋找、獲得與傳播資訊與觀念的自由。」「表達」一詞在此看來似乎有些多餘（在英文裡也是如此：right to freedom of opinion and expression），這彷彿是指意見或表達「獨立於」別的權利，必須保持自身的自由，或不受任何限制與禁止。

1.2.「自由主義」對表達自由的定義與規範是以個人的「主觀權利」為構想，而這類權利則以私人所有物為範本。因此，規範被理解為在事件前後的「限制」，藉此避免損害他人的權利。正如同彌爾一八五九年在《論自由》（*On Liberty*）中的出名主張：「意見只有對該意見的所有者來講才具備內在價值，因此，噤聲該意見的表達是對基本人權的不義。」(註2)

1.2.1.「主觀權利」指的是依附於個人且作為個人不可分離之所有物的權利，也就是洛克所說的包含「生命、自由、財產」在內的「個人的所有物」。這類

---

2 — 《論自由》（*On Liberty*）第十一章〈思想自由與討論自由〉（Of the Liberty of Thought and Discussion），收於彌爾，《三論》（*Three Essays*, Oxford, Oxford University Press, 1975）。

權利源於客觀的法律秩序，也就是說這類權利是需要建立的，並在使用上需要受到限制，藉此使每個人的主觀權利與他人的客觀權利相容（康德對法的辯證定義：「阻止自由被阻止的可能」（註3））。美國革命與法國革命中的古典「權利宣言」所主張的，便是基本的主觀權利，而這些主觀權利的憲法化則成為共和公民身分的基礎。主觀權利無疑有其重要性，且從民主的角度來看也具有決定性意義。主觀權利包含人身保護、言論與意識／良心自由等，而其重要性便源自其能限制獨斷權威對個體任意施行權力。但主權權利的限制源自以下事實：這種種權利使我們無從以肯定、積極的方式界定內含於集體行動或集體互動中的力量，就如同史賓諾莎所說的「作為潛力的法權」（ius sive potentia）或當代戰鬥女性主義者（militantes féministes）的培力——除非透過法律擬制將集體主體轉化為「法人」個體或人格，但這種做法時常導致權力被壟斷在幾個代表手中，從而剝奪了普遍的公民權利。（註4）

1.3. 較貼合政治情境的模型，應該轉而將言論與表達的再現視為跨個體的對話過程（processus dialogiques transindividuels），而過程中包含了不同效應的相互傳達，以及針對「述行」（speech acts）而來的預期性回應——述行可能保留下來，也可能遭受毀滅，其本質上是偶然的。因此，我們應將表達自由構想為一種共有資源，並與民主憲政體制應當集體最大化的「平等即自由」結合在一起。共有資源並不僅是言論自由的結果，還是言論自由的行使。因此，一方面，就「存有論」的層面而言，意見並沒有先於公開表達，反倒是對話、互動的產物，就

3 — 康德的原話是「Verhinderung eines Hindernisses der Freiheit」，請見康德，《哲學著作集》（Œuvres philosophiques, t. III, Paris, Gallimard, 1986, coll. « Bibliothèque de la Pléiade »），頁 480。

4 — 關於主觀權利與其入憲或制度化，請見柯里歐－泰連那（C. Colliot-Thélène），《無人民的民主》（La Démocratie sans demos, Paris, PUF, 2011）以及 Trivium 的專題（« Droits subjectifs et droits de l'homme», C. Colliot-Thélène et Christoph Menke [dir.]: journals.openedition.org/trivium/3262）。

如同李歐塔所說的「歧見」（différends）、巴特勒（Judith Butler）所說的「挑釁」
（provocation；excitable speech）。而另一方面，民主本身便需要從整體社會的能
力來滋養政治構成（constitution politique），藉此使每個人能從他人的回應中得
到強化，並將互動視為個人自由的條件。因此，若以壟斷、寡頭或片面的方式
「占用」言論自由的行使權與表達的力量，不僅是在表達自由上隨意「設限」，
甚至摧毀了表達自由的實質內容。

1.3.1.「共有資源」是個政治哲學中的古老概念（古希臘文中的 koinon
agathon 或拉丁文中的 bonum commune），它源自城邦邦民共同協作（koinon
ergon）的成果。長久以來種種的限制（排除女性、孩童、奴隸、薪資勞動者、
異邦人、殖民地人民）雖然仍未消失，但逐漸受到「現代公民身分」概念──
尤其是公民民主化的鬥爭──的挑戰。在二十世紀的憲政體制中，民族國家逐
漸轉變為社會國家（État social），「共有資源」逐漸與「公共服務」與「行政職責」
等概念產生連結，在教育、健康、福利等方面尤其如此──雖然在國內與國際
層面來看，不平等仍然存在。(註5) 當然，在新自由主義取勝的當下，共有資源
的憲政化不斷受到攻擊。但有趣的是，當代許多經濟學家與政治哲學家也理解
到「共有物」的用途、保存與毀滅，並開始重新論述之，將「共有資源」的定
義擴張為只能被集體使用之物或服務（或者，不可分割之物），特別是在國家
與跨國層面的資訊交流。(註6) 從此觀點出發，我們便可嘗試將表達自由的定義

5 ─ 請見艾黑哈（Carlos Miguel Herrera），〈論社會權──社會領域的憲政化〉（« Sur le statut des droits
sociaux. La constitutionnalisation du social », *Revue universelle des droits de l'homme* [RUDH], vol. 16, nº 1-4,
29 octobre 2004 [dossier « Droits de l'homme et du citoyen, *Grundrechte et Civil Rights* »], p. 32 sq）。

6 ─ 請見配耶（Chantal Peyer）與耶季（Urs Jäggi）在聯合國資訊社會大會（瑞士，二〇〇三）上發表的
《資訊是共有資源》（*L'Information est un bien public*）：https://www.kirchen.ch/ecouter- entendre/
actualite/IMG/information_bien_public.pdf。

從「主觀權利」拓展為「共有資源」。

2. 不完美溝通空間中的恐怖效應

2.1. 在哈伯馬斯所說的完美溝通的「規範性理念」或「理想溝通情境」中，表達自由是「規範性」的，也就是說，其非自然亦非人造產物，也並非由國家所規定。(註7) 但我們必須將這則公式翻轉過來。在民主國家中，「無條件」的言論自由權與表達自由權所需的真正條件，即是全面轉變總是已然存在的「不完美溝通」情境，而這情境中充滿了暴力，且不僅可能產生恐怖效應，恐怖效應也可能化為真實。換言之，表達自由總是受到嚴峻的條件制約（conditionnée）。

2.2. 不同的社會階級擁有不同的財富、經濟、文化與地緣政治權力，他們也同樣或多或少控制或壟斷了合法「表達」形式的可能性，因而將言論自由與表達自由這兩個「共有資源」私有化，並因此摧毀了言論自由（因為言論自由具有「不可分割」或「共有物」的本性）。(註8)

7 — 哈伯馬斯在一九七〇年代開始引入這類概念，並將「理想溝通情境」視為他所說的公共領域（Öffentlichkeit，這是民主制度的可能性條件）的「修辭對立項」。即便後來他轉向較為形式主義的「溝通行動理論」，哈伯馬斯的談法仍然很有趣。「理想溝通情境」有以下幾個規則：「（1）每一個有能力發言與行動的主體，都能夠參與論述活動；（2a）每個人都能夠質疑任何主張；（2b）每個人都能夠在論述場域中提出任何主張；（2c）每個人都有權毫不猶豫地表達自己的立場、慾望與需求；（3）每個發言者都不該因外部或內部強制力而無法行使（1）與（2）的種種權利。」（Jürgen Habermas, « *Discourse and Ethics: Notes on Philosophical Justification* », *Moral Consciousness and Communicative Action*, tr. angl. de Christian Lenhart et Shierry Weber Nicholson, Cambridge, Mass., The MIT Press, 1980.）

8 — 在各種「平臺」上，成千上萬公民的現代電子溝通媒介同時也為人所占用，成為積累的手段並被商業化、接受監視並因此奪走了自然法傳統（洛克）中「自我所有」的「生命、自由與財產」。

2.2.1. 但如此解釋仍有所不足。為什麼？因為我們還必須解釋內在於主導性論述的「符碼」內含的排除效應——主導性論述使「底層」論述失格，並使其無法在公共空間發聲。這就是結構性的論述暴力，亦即史碧華克所說的「底層人民無法發聲」——而無法發聲者必定是政治共同體中的底層人民。就如同種種歧視與種族化的結構現象，我們在言論的劃分上也同樣見證了「底層人民化」或「少數化」（minorisation）的結構現象。這些是在地或「局部」現象，也是跨國或「全球」現象：雖然每個國家對語言與文化的不平等分配皆有其特殊性，但在社會肯認的全球宰制體系下，特定的身分與論述具有合法性，而別的身分與論述則先驗性失格。

63

2.2.2. 結構性論述暴力會孕生不同的反應：抵抗、請願（抗議、控訴），或論述與非論述性質的逆暴力（contre-violence），也就是以述行的方式模仿，並使原有的東西錯位。以暴力回應暴力也是一種界限上的表達形式（forme-limite d'expression），而這有可能是被壓迫團體（例如被殖民者，也就是法農所說的「大地上的受苦者」）或「少數族群」唯一被聽見並強制他人肯認自身權利的可能。(註9) 逆暴力會帶來解放還是自毀？這也許是最棘手的政治問題，因為這得同時仰賴不同力量的相互關係（也就是情勢），以及該抵抗團體的倫理取向（有時逆暴力本身便是倫理）。(註10)

64

2.3. 的確，結構性論述暴力消音許多底層人民，並把許多（或大部分）公民降至「積極公民身分」以外的範疇，但如此分析仍有所不足——結構性論述暴力還剝

9 — 近期在阿姆斯特丹文化分析學院（Amsterdam School for Cultural Analysis）的「解析暴力」（Dissecting Violence，二〇一八年四月）研討會中，一位參與者提出了一個有趣的文字遊戲：riot to have rights（借助動亂來獲得權利）。

10 — 請見我在《平等即自由倡議》中〈郊區起義〉（« Uprisings in the Banlieues»）一章對法農《大地上的受苦者》的討論。

奪社會認識自身構成的可能性，因此在整個政治共同體罩上一層無知之幕。(註11)

2.3.1. 這對主導論述者（dominants）來説亦然。這些人傾向以普世主義論述正當化自己對他人的無知，而我們由此便能看出普世主義的否定性特質之一：不停以自我指涉來取代自我反思或自我批判，藉此遮掩普世主義得以出現的歷史條件。當普世主義是作為絕對者而運作、而非由公民本身的多元性（鄂蘭意義下的多元）所形成的政治結構時，普世主義便否定自身的界限與抵抗，因而變得無從思考、不知道自身究竟為何。

2.3.2. 本質上來説，恐怖主義行動與反恐行動是相互呼應、一體兩面的現象，其目標都是摧毀每個非模仿式的「反應」或「回應」的可能性，兩者皆是初次召喚的後續效應，而其結果是虛無的。因此，這兩種行動都有審查與自我審查的成分在其中。但若「無知之幕」沒有以同一性與立場來遮掩「他者」與自身的話，恐怖主義的「威脅」便無法發揮效用。

2.4. 政治的目標是建立或重建無條件自由所需的條件，換句話說，政治不僅是創造能保障表達自由的憲政架構——而這不僅是保障「説」與「表達」——還得聆聽被壓抑或被扭曲的聲音，創造空間讓種種衝突甚至挑釁的言論得以出現，藉此掀起無知之幕。換句話説，我們必須跨越每道疆界，移除（deplacer）每道阻礙相互質問的邊界。所謂政治，就是創造或實行無條件之物所需要的條件。

11 ─ 我在此顯然是借用羅爾斯一九七一年《正義論》（*Théorie de la justice*）中的説法。羅爾斯使用「無知之幕」來討論「社會契約」：社會契約開啟了自由主義思想與政治哲學的新紀元，而羅爾斯則認為「無知之幕」便是社會契約的基礎。對羅爾斯來講，無知之幕是理論性的擬制（fiction théorique），以理想的方式將所有差異、利益、不平等與權力處境中和掉，而這必須被想像為政治秩序與經濟秩序的起源，唯有如此，才能有「公平的」分配規則。當然，「分配」也可以指涉知識的分配。我把無知之幕顛倒過來用，且認為這是個再真實不過的東西，不斷被權力（透過階級區隔、壟斷象徵資本、打造內部敵人等）的不均等分配生產出來，使我們對他者產生錯誤認知，並將他者從社會關係中孤立出來。

3. 從「瀆神」到「冒犯」，以及「神聖」的轉移（métastases du sacré）

3.1. 二〇一五年一月七日的《查理週刊》事件與其多重脈絡皆以回溯性的方式顯現為多重的恐怖效應，強而有力地框構了我們的感知與表達自由的定義，使其被戰爭情境所捕捉。（註12）

3.2. 一方面，我們有必要討論《查理週刊》作者群與編輯群的主張：「嘲諷先知穆罕默德」只不過是向他們的穆斯林共民（concitoyens musulmans）展現出「平等的標誌」。（註13）隨著這主張而來的便是一種典型的象徵暴力：穆斯林公民如果想被涵括為民族國家共同體的一部分，就必須公開斥責伊斯蘭恐怖主義。因此，穆斯林公民其實是受到雙重束縛而噤聲：要不就是接受自己身分的負面形象或犯罪形象，要不就是和自己的宗教劃清界線（因為這種宗教注定等於暴力或潛在謀殺）。

3.3. 另一方面，我們也需要將這點納入討論：許多穆斯林也主張，他們對該系列漫畫感到的憤怒無關乎「瀆神」，而是在於對「共同體」的集體羞辱或傷害。（註14）這些主張有時站得住腳，有時則不太能說服人。

12 — 二〇一五年一月七日的攻擊事件發生前兩天，在巴黎二十區的尤太商店 Hypercacher 也發生一起攻擊事件，共四人死亡。這一連串攻擊事件皆由蓋達組織的兩名成員所發起，而在《查理週刊》內部則造成十人死亡。《解放報》請我針對這場事件發言，而我在二〇一五年一月九日寫了〈給死者與生者的三個詞〉，收錄於本書後記。

13 — 之後一連串的評論中，丹麥保守派的《日德蘭郵報》（Jyllands-Posten）其中一位編輯表示，穆斯林公民跟丹麥公民皆是平等的，因此也須平等對待，包括以嘲諷的方式對待之。請見《解放報》二〇一五年十一月二十七日與羅斯（Flemming Rose）的訪談。

14 — 在這點上，馬穆德（Saba Mahmood）在與阿薩德（Talal Asad）、布朗（Wendy Brown）、巴特勒（Judith Butler）等人合著的《批判是否世俗？瀆神、傷害與言論自由》（*Is Critique Secular ? Blasphemy, Injury, and Free Speech*, New York, Fordham University Press, 2013; tr. fr. F. Crebs et F. Lemonde, *La Critique est-elle laïque ? Blasphème, offense et liberté d'expression*, Lyon, PUL, 2016）中的文章特別重要。而我

3.3.1. 在許多伊斯蘭國家（如巴基斯坦、沙烏地阿拉伯以及印尼），「瀆神」 68 這個範疇受到基本教義派對穆斯林教法（shari'a）詮釋的影響，並以此審判無神論者或被認為對《古蘭經》不敬的宗教少數群體。然而，「世俗論者」也以「瀆神」來投射自己的作為，將其視為對「穆斯林世界」的神學政治領域的想像性侵害。這些人根本沒有介入「穆斯林世界」的神學政治，只是在「西方世俗」 69 空間的保障下發出投射，並在要求國家保護自身的前提下，驕傲地將自己樹立為「瀆神者」，並以自由之名攻擊神聖。

3.3.2. 隱身在「瀆神」問題背後的，其實是神聖價值在每個社會中皆具有的（不同的）重要性。這些神聖價值可能採行宗教或世俗（也就是民族）的形式，也可能是兩者的結合，並表現於制度與論述之中──而這些便是神聖價值的權力。譴責非西方社會神聖價值的壓迫效應的人，往往對西方民主社會中神聖價值的壓迫效應視而不見、盲目支持。

3.3.3. 伊斯蘭基本教義派（也就是所謂的「恐怖主義」）模仿西方世俗（共和）恐伊斯蘭者的回應，也同樣使眾人搞混了兩者共享的宗教象徵（聖物）傳統，並嘗試復甦某種古老的「烏瑪共同體」（l'oumma）概念：西方世俗主義「玷汙」先知、強制穆斯林女性摘下面紗（而這是她們身分的一部分）等行徑，都被視為對集「體」的生理傷害。

3.4. 因此，穆斯林與非穆斯林都同樣生產出一種「伊斯蘭身分」，而這身分 70

們也可以參考另一種論述。馬丹尼（Mahmood Mamdani）指出：「自大（bigotry）並不是瀆神。瀆神是從某個傳統內部質疑該傳統，而自大是從外部攻擊該傳統。如果瀆神是對權力說真話的嘗試，自大則恰恰相反，是權力把真理化為工具的嘗試。在『嘲諷先知穆罕默德』的一系列辯論中，眾人不停將自大誤認為瀆神。」請見索柯曼（Müge Gÿrsoy Sökmen）與艾度（Başak Ertür）合編的《等待蠻族：致薩伊德》（*Waiting for the Barbarians. A Tribute to Edward W. Said*, New York, Verso, 2008）。馬穆德與馬丹尼都嘗試把「瀆神」與漫畫爭議區隔開來，並釐清兩者的關係究竟為何。

仰賴的是種種奠基於恐懼、仇恨與無知的投射。各方「智識分子」的任務便是「解構」這些機制，並讓言論自由得以可能、得以實現。對於來自不同歷史和文化的智識分子而言，首要的任務是批判那些在他們所依附的「共同體」或「公民身分」中占有優勢地位的意識型態——因為他們的居住地與歷史使他們與這些意識型態產生了最緊密的物質與精神聯繫。

4. 公共空間與其疆界

4.1. 東方主義的典型特徵之一，便是認為特定人群繼承了特定「文明」，而因為他們的歷史與集體心智，使得這些人本質上便無從滋養言論自由或表達自由。這種東方主義大多時候都繼承了殖民主義，也一同打造了當代的種族主義。

4.1.1. 這類偏見將以下理念自我合法化：表達自由本身便是西方價值的產物，內含於自由主義國家的種種制度之中，而威權或全體主義政權則是令人遺憾的例外與反常。由此而來的論述便是：表達自由的威脅來自外部，而非自由主義國家內部的問題。甚至有人認為，若自由國家要保護其內部，必須將表達自由輸出並強加於外部——民主往往需要帝國的「緩衝帶」。

4.1.2. 與上述論述平行發展的，則是反向的東方主義（l'orientalisme inversé）：表達自由是西方民主的「價值」，與「自由民主」有關，因而是帝國主義宰制與歐洲中心霸權的一部分。由此而來的便是：表達自由是西方用以瓦解非歐洲社會與文化的武器，因此必須抗拒表達自由，藉此保護非西方社會獨有的重要價值。

4.1.3. 東方主義與反向的東方主義都按照杭廷頓（Samuel Phillips Huntington）的理論來創造出「文明的衝突」，並在當代世界中劃出一條巨大斷層——也就是想像的疆界——藉此正當化全球化衝突、讓彼此都成為自己的仇恨與恐懼的對象，並嘗試將其銘刻於世界地圖之上。

4.2. 現代西方的「大地法」（nomos de la terre）出現於歐洲擴張時期，其基礎為民族國家與帝國疆界，並以此為根據來進行人口治理與理念的交流。（註15）冷

戰時期，我們則看見被意識型態給多重決定與軍事化的兩個「陣營」相互對峙。然而，全球化時代的法（nomos）則與電子通訊的擴張重疊，彷彿取消了疆界。但事實上，領土疆界只是被相對化，並被置於商品和勞動力的全球流通下的單一市場中。資訊與種種文化模型都被當成商品在市場上流通，而讓眾人流離失所的金融權力也控制著眾人可接受到的知識。我們必須在這真實的普世性場域（*le champ d'universalité réelle*）為表達自由的制度化奮鬥。

4.2.1. 然而，普世性並非同質性。鮑曼所說的跨疆界全球溝通的「液態性」以及溝通網路的無所不在（觸及星球上各處的個體並將其集合於不同的虛擬共同體），與「內部疆界」完全沒有任何衝突，反倒一同製造出全球公共空間的新劃分，或再生產舊有的劃分來維持權力的壟斷與寡頭體制。已然錯位的權力仍未被民主化。種種劃分之中，最顯著的也許是保守社會（威權、父權、家父長制、神權或這一切的結合）與自由社會（結合了流通自由與意見自由）的區隔，前者審查並懲罰離經叛道（瀆神、不道德、破壞秩序）的意見或行徑，後者則歧視並噤聲（有時甚至是根除）他異性、陌異性（étrangèreté）與「少數族群」的文化，以消除他們的「差異」。就在地層面與全球層面而言，宰制與其所引發的抵抗皆遵循不同的規則——即便有時不同的抵抗也可能會有所共鳴。（註16）

15 — 我在此以施密特所說的「大地法」來指稱世界的分配與占用。施密特在一九五〇年的鉅作《大地法》中討論了國際法與憲政制度的起源，緊接而來的是歐洲公法的衰敗。施密特表示，必須以「大空間」（Grossräume）來取代帝國主義民族國家的秩序，並按照門羅主義來將世界劃分為「受影響區」與「施加影響區」。無論杭廷頓自己有無意識到這點，他的「文明的衝突」似乎都在這個後殖民與後社會主義世界中重新復甦了此類思想。請見我在《歐洲、美國、戰爭：反思歐洲的中介》（*L'Europe, l'Amérique, la Guerre. Réflexions sur la médiation européen*, Paris, La Découverte, 2003）。

16 — 「被害者沒有義務持續扮演被害者。換句話說，權力並非固定且統一的。當然，巴特勒不停主張，某些時候獲得權力的人也可能在別的時候顯得相當脆弱、甚至變為受害者（反之亦然）。階級、種族、性別的交織歷史應該已經將這點講得很清楚了。」（羅賓斯，〈權力話語〉。）

4.2.2.「媒體上隨處可見的審查與瀆神禁令」以及「不可見的監控與利用網路蒐集個人資訊與群體資訊」，分別是兩種不同的「對表達的警治」（police de l'expression），兩者遵循不同的人類學樣本、使用不同的技術。邏輯上來講，兩者並不相同，但兩者實際上是可能重疊與交會的。在特定的時空中（艾爾段的土耳其、歐巴馬的美國），兩者的具體結合界定了既定社會中個體與群體能獲得的自由程度與平等程度。我們幾乎不可能以這類標準來劃分社會、國家或文明的階序（長期來看尤其如此），但當前，我們似乎必須二擇一，而有時這選擇攸關生死。魯西迪（Salman Rushdie）與斯諾登（Edgar Snowden）便清楚展現出了這點。

4.3. 若要在共同的全球化世界（或創造出這類世界的過程）中最大化表達自由，就必須僭越或取消某些疆界，並同時將我們無意廢除的疆界澈底「民主化」，也就是讓這些疆界更具可滲透性、更為對稱（更少區別與歧視），並讓「共享」這些疆界的各方展開討論與協商。這適用於人員的流通（移民），也適用於論述的流通（翻譯）。

4.3.1. 全球化時代的「萬民法」（droit des gens）必須同時強化並民主化溝通與交流。溝通與表達必須被界定為共有資源，也就是人類共享的資源，而我們必須保障並發展這些資源。我們必須以國際共同體之名發展教育（如聯合國教育、科學及文化組織所定義的）、制約國家或私人的壟斷權力、保護所謂的離經叛道者與異議者。國際組織在監督收入與自然資源取用的不平等分配時，也應監督文化資源、「象徵資本」與表達手段的不平等分配。

5.「說真話的勇氣」是政教分離世俗化的本質

5.1. 表達自由若要在全球化時代成為一種共有資源，則需要民族國家、跨國、司法與道德（主體）等層面的條件。作為公民普世主義的典型制度（或奠基於國家或世界「公民」的能動性、權利與義務的普世性）在概念層面上不同於別的宗教普世性或市場普世性。公民普世主義有可能與別的邏輯產生衝突，但也可能將

不同的邏輯歸納至獨立與平等的規範之中，而這對不同的主體而言皆有其意義。

5.2. 為何公共空間中免不了會發生衝突？這並非因為每個人有不同的「意見」， ₇₇
且這些意見皆「無法翻譯」，也不是因為階級利益與別的利益間無法相容，而是因
為主體本身便被其論述所指涉（這些論述「召喚」了他們，或需要他們的依附與忠
誠，強加罪惡感、肯認、尊嚴與恥辱於主體）。因此，主體不僅感知並「評斷」彼
此的意見，每個人不同的身分（多重的歷史、文化、價值、生活方式，或韋伯所
說的、廣義的「諸神」，與諸神間的永恆「戰爭」）也是彼此評斷的對象。(註17)

5.2.1. 顯然，宗教或反宗教論述與傳統是強而有力的「召喚」機具。但通訊體制
對應到成熟發展的市場社會這事實，也弔詭地使個體強烈傾向將自己的人格特質 ₇₈
與彼此傳遞或共享的訊息和情緒結合在一起。從先人繼承下來或習得的文化，如
今成了「人力資本」。在當代，通訊體制與市場社會兩種機制持久地結合在一起。

5.2.2. 恐怖主義與對恐怖主義的害怕一同強化了「對思想的警治」，也讓言
論自由受到種種政治機制的限制與壓抑。恐怖被內化為害怕，而害怕則外化為
恐怖或反恐，成為緊急狀態或例外狀態。害怕不僅讓人畏懼，也製造恐怖。原
先對他者、異邦人、敵人的害怕，轉變為對自身與自己的共民的害怕。

5.2.3. 害怕與恐懼的對立面是傅柯所說的「說真話」。傅柯轉化並普及「說
真話」的概念，使其同時涉及我們與自我、我們與他者的關係。這包含在公共
空間「對權力說真話」（涉及政治權力、主權權力或隱含在社會規範中的權
力），並與自己的觀點或行為拉出批判的距離，不再排除沒有共享共同體價值
觀的人。換句話說，說真話必須討論所有傳統（而現代性與現代主義在西方及 ₇₉
受其擴張影響到的任何地方也都已成為傳統），並注意到任何傳統中的倫理價
值在受到普世的肯認後都能有顯著提升 ── 但我們無須把任何價值視為絕對

17 ─ 在〈學術作為志業〉（« La profession et la vocation de savant », dans *Le Savant et le Politique*, op.
cit., p. 97）中，韋伯特別強調「擁護不同價值與不同秩序的諸神之間的鬥爭」。

者。（註18）

5.3.「作為共有資源的表達自由」與「普遍化的世俗概念」（或者，世俗化的世俗主義）就像同一個硬幣的兩面，也就是說真話的實踐與言論自由的結合。（註19）說真話接受衝突的風險，將「歧見」公共化的同時也開啟認識的可能性，並嘗試極大化我們對他者（即便是「敵人」）的認識。因此，這是一種文明力的策略，它奠基於我們對不同身分、關係與對峙的認識，而非僅止於「尊重差異」。這與所有形式的「神聖」都不相容。只要文明力必須預留宗教信仰的合法性的空間，甚至承認種種信仰必然能為共善盡一份心力，我們就必須把宗教與神聖性區分開來。（註20）這做法是否可能？如果我們真的要達成此目標，就必須使其可能。

18 — 「說真話」是傅柯一九八四年在法蘭西學院最後一堂課的課名，他分析古希臘文中「parrêsia」的不同用途，並將其視為在公共空間批判意見與道德觀的能力。前一年（一九八三），傅柯也在柏克萊大學演講中則奠基於此提供了另一個版本，而這本書後來以《Fearless Speech》為名出版，字面上的意義是「無懼的發言」，也就是言論自由。〔譯註：譯本請見鄭義愷譯，《傅柯說真話》（群學，2005）。〕我在此也同樣指涉薩伊德的「里斯演講：對權力說真話」（*The Reith Lectures. Speaking Truth to Power*, 1993），薩伊德援引傅柯早期的著作，並將其與「對權力說真話」的智識分子連結起來。而我在此則嘗試將此概念擴展至職業限制與歷史意涵之外。

在〈學術作為志業〉（« La profession et la vocation de savant », dans *Le Savant et le Politique*, op. cit., p. 97）中，韋伯特別強調「擁護不同價值與不同秩序的諸神之間的鬥爭」。

19 — 關於世俗化政教分離或政教分離化政教分離，請見我先前寫過的小書（*Saeculum. Culture, religion, idéologie*, Paris, Galilée, 2012）。

20 — 史碧華克認為，「將神聖之物去超越化」（de-transcendentalize the sacred）是後殖民時代「栽培」人類的基本任務，而要達成這點，就必須將信念與想像力結合起來。請見〈恐怖：九一一之後的一場演講〉（« Terror : A Speech After 9/11 », dans *An Aesthetic Education in the Era of Globalization*, Cambridge, Mass., Harvard University Press, 2012, p. 372-398）。

言説與辯言／矛盾(註1)：
傅柯著作中幾種「說真話」的形式(註2)

話說回來，「人會說話」這事實究竟為何如此危險？
—— 傅柯，《論述的秩序》（*L'Ordre du discours*, 1971）

---

1 — 譯註：巴禮巴在此章大量使用「contre-dire」與「contredire」，後者是很日常的字，意思是「矛盾」，前者照字面上意思則是「逆著說」。雖曾考慮翻成「逆說」（日文的「逆說」就是「矛盾」的意思），但有鑑於這用法在中文世界中非常罕見，本文選擇照脈絡翻為「辯言」或「矛盾」（或兩者一起使用）。

2 — 二〇一六年六月一日發表於巴黎第十二大學（université Paris-Est Créteil）的研究專題「傅柯與主體化／臣服化」（Michel Foucault et la subjectivation）。我在這篇文章中重拾並修改了我二〇一四年十月十八日在耶魯大學惠特尼人文中心（Whitney Humanities Center）「傅柯：一九八四之後」（Foucault : After 1984）的演講。

　　我今天想嘗試詮釋傅柯晚年一系列「說真話」的講課，以及此系列講課對其著作之意義與意圖（intentions）有何意涵。當然，我最關心的幾個問題是傅柯所說的「批判」，以及他如何透過不斷介入並將此政治場域問題化——而非借助發展某種「政治空間」（le politique）的概念，畢竟傅柯的相關論述相當破碎且幽微——來嘗試改變現代歐洲傳統中的智識分子形象。傅柯晚年談論「說真話」時，也同時觸及平等參與權（isonomia）與平等發言權（isègoria）的關係，而這些是許多史學家與文獻學家都不斷詮釋的概念。對古希臘人來說，「說真話」（parrèsia）一詞指的類似於我們今天所說的民主，而「民主」（dèmokratia）一詞在古希臘人眼中是貶義的詞彙。不過，就字面意義而言，「說真話」比較接近法文的「說實話」（franc parler）、「言論自由」（liberté de parole）或「發言的勇氣」（courage de la parole），傅柯晚年幾場在柏克萊大學辦的幾場講課後來以英文出版，書名就叫《無懼的發言》（*Fearless Speech*）。 (註3)這些論述顯然都指涉到政治、批判與公共智識活動的節點（le nœud），但傅柯的論點同時也留下大量的謎團。一方面，古希臘文中「說真話」一詞的用法相當多樣，並無

3 —　我在此指的文本包括傅柯在法蘭西學院最後兩年的講座《治理自我與他者》（*Le Gouvernement de soi et des autres* [1982-1983], Le Seuil / Gallimard, 2008）；《真理的勇氣》（*Le Courage de la vérité* [Le Gouvernement de soi et des autres, II, 1984], Le Seuil / Gallimard, 2009）；一九八三年在柏克萊大學的講座《論述與真理：說真話的問題》（*Discourse and Truth. The Problematization of Parrhesia*, Northwestern University Press, 1985），二〇〇一年，Semiotext(e) 出版社以《無懼的「說」》為名重新出版此書，最後，在二〇一六年，此書終於以法文出版（*Discours et vérité*, Paris, Vrin, 2016）。〔譯註：此書的譯本請見傅柯，2005，鄭義愷譯，《傅柯說真話》，群學。〕對此主題的許多評論中，拉許曼（John Rajchman）很早就察覺此議題的重要性，並將其連結到當代哲學中權力與論述的問題，請見《真理與愛慾：傅柯、拉岡與倫理問題》（*Truth and Eros. Foucault, Lacan, and the Question of Ethics*, Oxford Routledge, 2009; tr. fr. O. Bonis, *Érotique de la vérité. Foucault, Lacan et la question de l'éthique*, Paris, PUF, 1995）。

穩定的定義，而傅柯探究的對象正是這多樣性。然而，這多樣性卻使我們無法賦予其單一意義，將此概念與政治領域並置談論時尤其如此。如果我們不滿於僅是紀錄不同脈絡與語言狀態下的語義變化，那麼，傅柯的工作可以說是撤出並梳理政治領域（*retrait du politique*）（註4），並步向倫理與個人領域（一般意義下的「主觀」領域），而非將政治、論述與真理間的內在關係視為有待處理的問題。另一方面，當傅柯的評論中出現關於某個政治秩序的意圖與價值判斷時，基本上是將現代問題投射至古希臘場景，這是哲學文化中將反思對象化為觀念時，一種非常常見的傳統進路。因此，對於傅柯這樣一位不停宣稱其探究模態總是傾向將「現在」（le présent）或「當下」（l'actualité）視為問題的作者而言，這種取徑不免令人感到相當訝異。（註5）我們不禁好奇，傅柯探究「說真話」，是否單純出自文獻學與美學層面的興趣？畢竟，在他的著作中，這兩個層面總是相當接近，共同型構出他治學與閱讀的感受。

　　話又說回來，「晚年著作」（œuvre dernière）一詞該作何理解？當然，這指的是作者消失前的著作，但不僅如此。無論這詞有什麼誘惑，我們都不應受強烈情感所影響，而是該避開任何目的論的詮釋，但同時又不放棄從其晚年講座回溯性地重建其整體著作觀點的可能性。當然，這幾堂講課旨不在總結先前所有的著作，反倒像是朝某些新的方向發展。即便這些東西無法得到完整的發展，我們能仍從其中讀出傅柯趁著還有時間、想迫切說些什麼重要事情的感覺。就許多方面

4 ── 譯註：拉庫－拉巴（Ph. Lacoue-Labarthe）與儂希（J.-L. Nancy）等人的用語，「retrait」一詞除了有「撤出」的意思之外，也有「重新梳理」（re-traiter）的意涵。此說法的脈絡源於二戰後檢討先前的「全體主義」（totalitarisme）時，發現全體主義總是主張政治領域已然完成，不需要任何來自外部的新事物。因此，若要重新梳理政治領域，首先需要從政治領域的完成或封閉中撤出，藉此重新爬梳界定政治領域的種種基本概念。

5 ── 請見拙作：〈哲學與當下：超越事件？〉（« La philosophie et l'actualité : au-delà de l'événement ? », dans Patrice Maniglier [dir.], *Le Moment philosophique des années 1960 en France*, Paris, PUF, 2011）。

而言，相較於先前的課程，晚年課程中發聲主體（le sujet de l'énonciation）或傅柯有時說的「被發聲主體」（le sujet de l'*enuntiandum*）出現得更為頻繁，也更強調「發聲」一事——即便這主體總是託付給別的中介者，並戴著面具發聲。因此，探尋傅柯如何談論「說真話」並非徒勞，畢竟他最後兩年的講課幾乎都在處理這個主題，並與其整體著作對話或「總結」之。就此觀點而言，傅柯對說真話的探究仍未完成，因而也向各方詮釋開放。而這種未完成、開放的特質，也讓我們在將傅柯的哲學著作視為整體來詮釋時陷入困境（正面意義的「困境」）。

我今天會提出五個觀念，並主張將這五個觀念放在一起談論便能看出傅柯著作中，說真話這個問題所具備的——請原諒這個語詞矛盾——「脫離中心的核心地位」（la centralité excentrique）。

「必須全盤托出」

首先，在檢驗傅柯著作中的「說真話」問題時，不難發現，在傅柯早期著作中，雖然沒有特別強調這個希臘概念，但不難見到其身影。一九七四年論「真理與司法形式」（La vérité et les formes juridiques）的研討會中的這個段落便是證據：「希臘民主的大獲全勝，以及發表證言的權利、與權力抗衡的真理等，都是在西元前五世紀的雅典經過一長串的過程才誕生並確立的。希臘社會之所以有如此多樣的文化型態，正是因為其以無權的真理抗衡無真理的權力（下略）。」(註6)如果直接把這個段落連結到其晚年的課程，便不難得出以下結論：與其說傅柯「發現」了「說真話」這個問題，毋寧說他晚年重返「說真話」這個主題。若持此觀點，再把所有傅柯之名所具有的意涵以及所有重疊的線索都納入考量，我們也可以說，傅柯在晚年改變並重新構思自己的論點，尤其是他把權力與真

---

6 — 《談話與書寫集（二），1970 − 1975》（*Dits et Écrits II, 1970-1975*, Paris, Gallimard, 1994），頁571。

理之間的相互外部性變得更為複雜了（請見後文）。

　　再者，傅柯最後兩年的課程中，有兩場談論了康德的「批判」概念並詮釋康德在一七八四年的小冊子中對「啟蒙」的定義，而這兩場關於康德的講座有其根本的重要性。比起傅柯先前對啟蒙的詮釋，這些分析甚至發展得更為全面。正如我們所知，時至今日，想理解傅柯對其哲學活動、他自己與當前事件、歷史時刻與政治介入的關係，其中一條線索便是回到康德的《何謂啟蒙？》。(註7) 87不過，將傅柯的康德詮釋與「說真話」連結起來究竟有何意義？這似乎仍是個謎團，畢竟，這兩個主題顯然比較像是「拼貼」在一起，而非序列或系譜。還是說，我們應該將「說真話」視為現代人（尤其是康德）所說的「批判」的原型？若是如此，這麼做又是為了什麼？是為了釐清某種原初的意義？生產出反命題？或單純只是「轉向」，讓我們自己釐清我們與啟蒙運動的目標和手段之間的關係？又或者，與其採行現代批判的種種不同模態，我們應該重返古希臘的「說真話」理念（而這或多或少是想像出來的）？

　　第三，跟著傅柯的腳步便不免對「說真話的人」感興趣，也就是冒著衝突與挑戰強權（主權者、領導人，或更為分散但同樣驚人的社會權力，及其規訓或規範機制）的風險，公開說出真相或真實之物（le vrai）的個體。我們同時也 88不難注意到，傅柯將此發聲處境給戲劇化（*dramatise*），(註8) 以及**其著作中總是充滿了「說真話的人」**。這些人出現在許多有別於古希臘城邦、廣場與教育領

---

7 －　多虧里歐尼力（Rudy Leonelli）在《啟蒙與批判：傅柯對康德的詮釋》（*Illuminismo e Critica. Foucault interprete di Kant*, préface d'Étienne Balibar, Macerata, Quodlibet Studio editore, 2017）第三部分的詮釋，我們現在對這問題有了較全面的見解。

8 －　傅柯從尼采著作中借用「戲劇化」這個範疇，而這差不多正是德勒茲談論「戲劇化」的時間，請見德勒茲原先發表於法國哲學學會研討會（conférence à la Société française de philosophie, 1967）的〈戲劇化的方法〉（« La méthode de dramatisation » , dans *L'île déserte et autres textes*, David Lapoujade éd., Paris, Minuit, 2002, p. 131 sq. ）。

域的場景。當然，每一次在不同的場景出現時，「說真話的人」的行為、意圖與語言都會有所轉變，但他們之間仍有其相似性——我們若觀察其說真話的場景，並尋找一個典範或一個共同的名字，便不難發現此事實。基督教的殉道者與異端、禁慾者與神祕主義者都是說真話的人，並藉由說真話來劃出正統與異端的界線。講真話但被笛卡兒式理性論述所否定的瘋人，以及文學著作中瘋人的異端鄰人「拉謨的侄子」（le Neveu de Rameu）也是某種說真話的人。十九世紀犯罪學文獻中「惡名昭彰的人」（les hommes infâmes，傅柯玩弄該詞的雙重意涵與其詞源學），尤其是展現出「常態」論述與真理和死亡的深切關聯的希維耶（Pierre Rivière），都是鼎鼎有名的說真話的人，而傅柯希望能藉由出版他們的「生命」來讓這些人廣為人知。(註9) 一九七〇年代，在法國、美國與世界各地起身反抗監獄體制獨斷權威的政治犯或法律犯，也都冒著極大的風險，在 GIP (註10) 的智識分子與醫生的陪同下說出真話，而傅柯也不斷強調，如果智識分子發起了這個名為「難以忍受」（enquête-intolérance）、充滿戰鬥姿態的批判探究，那麼，選擇探究的地點、字詞、內容甚至「理論」的，是囚犯。(註11) 蘇共的「異議分子」顯然是最純粹的說真話的人，他們甚至發明了幾種政治批判的風格與表達

9 — 請見未曾出版的〈惡名昭彰者的生命〉的前言（« Vies des hommes infâmes », dans *Dits et Écrits III, 1976-1979*, Paris, Gallimard, 1994, p. 237-253）。亦請見《我，弒父、弒母、弒兄弟姊妹者，皮耶·希維耶……一樁十九世紀弒父案》（*Moi, Pierre Rivière, ayant égorgé ma mère, ma sœur et mon frère... Un cas de parricide au XIX siècle*, présenté par Michel Foucault, Paris, Gallimard / Julliard, 1973）。

10 — 譯註：監獄資訊小組（Groupe d'information sur les prisons）的縮寫。

11 — 傅柯，〈監獄探究：打破牢房的沉默〉（« Enquête sur les prisons : brisons les barreaux du silence »），收於《談話與書寫集（二）》，頁 176。GIP 的檔案集結發表為《監獄資訊小組：一場鬥爭的檔案》（*Le Groupe d'information sur les prisons. Archives d'une lutte, 1970-1972*, documents réunis et présentés par Philippe Artières, Laurent Quéro et Michelle Zancarini-Fournel, postface de Daniel Defert, Paris, IMEC, 2003）。

方式，藉此賦予新意義給「說真話」這個古老的問題。廣義來說，起義者也是說真話的人，因為他們的行動中有其說真話的面向，且此面向不但是最根本的，也無法與其奮鬥、自主或自我組織與論述分開談論。換句話說，說真話是表達與發聲層面的事情，因此說真話同時也是解放言論並爭奪話語權。更令人震驚的是，說真話的脈絡時常是權力所強加的沉默或化約至沉默，而這沉默是因為眾人被迫接受某一套規訓制度或社會規範，並將其內化至政府本身的行徑之中，使其成為自願奴役。所以，最終，我們不難發現，在傅柯著作的大多數環節中，說真話的描述都被戲劇化了。而傅柯直接談論「說真話」的段落卻只有在最終、作品被懸置之際，先前的元素匯流而成（contingent）後才開始出現。

第四，「說真話」這個主題或其「理想型」與傅柯所參與（或他感興趣）的種種當代事件間存在緊密的溝通網路。我剛已經提及囚犯反叛、瘋人與蘇共異議者三個案例，（註12）在此我想再加上兩個發生在不同時空的案例，而我們在詮釋傅柯時，若想知道他對許多至今仍懸而未決的事件有何想法、有什麼實際的結論，這兩個案例很關鍵，但也添加了許多難度。在此，字詞極端重要，因為語言與行動的接合接得仰賴字詞，而語言的行動（*l'action du langage*）亦屬於行動的一部分。

第一個案例（我只能很快談完這點），是六八年五月。我們知道傅柯沒有參與這波運動，他甚至對此運動持批判態度。不過，他後來與這場運動的延續有相當深的糾葛，並同時與改革派、革命派（或我們今日所說的「基進派」）對話。傅柯與其友人德·賽妥（Michel de Certeau）有同樣的探究對象與書寫方式，而德·賽妥則將六八精神定義為「起身發話」（la prise de parole），也就是「說

91

12 — 我們知道，蘇聯政權監禁大量異議者，而其中最有名的則是普利甚奇（Leonid Pliouchtch）。一大群的數學家（大多是法國人）給予普利甚奇他所需的支持，而傅柯也與這些人有所連結。請見傅柯，〈蘇聯與別處的罪與罰〉（« Crimes et châtiments en U.R.S.S. et ailleurs... », entretien avec K. S. Karol [1976], dans *Dits et Écrits III*, nº 172, op. cit., p. 63 sq. ）。

真話」。（註13）第二個例子比較微妙，是一九七九年的伊朗「革命」，或以傅柯的語言來說，「伊朗人的起義」——他認為，這場群眾政治運動就本質上來說是精神性的。傅柯在戲劇化並賦予「說真話」風格時，不停回到此場景中：「某人在主權者面前起身（se lève）或抬頭挺胸（se dresse），對抗主權者的權威」或「在集會中『賦予自身權利』、『掌握權力』發話」。我想，我們應該不難看到起義（soulèvement）與起身間的緊密關係，而就許多層面而言，起身都是在事後反思起義所提出的問題。但起義與起身的關係究竟為何？我們無法單純主張：單憑伊朗革命便已展示說真話從個體到共同體（甚至群眾）的過程，因此確認了說真話在政治層面有其重要性。因為這種概括或整體化——以黑格爾的話來說，便是所有人與每個人的作為（Tun aller und Jeder）——正是問題所在。我想，無論是從（現代）波斯回到（古代）希臘，或從群眾起義到單一主體的行徑，對傅柯而言都是批判（甚至自我批判）的過程。正如我們所知，這問題引發了許多討論與爭議。（註14）我的假說粗略一點來說就是：傅柯逐漸意識到伊朗革命所犯下的政治錯誤，而這使他在自身之中開啟了一場反思的運動（un mouvement réflexif），進而開始闡述起義的世俗面向（當然，傅柯筆下的「說真話」是一種

13 — 請見〈五月起身發話，就如同一七八九年掌握了巴士底獄〉（« En mai dernier, on a pris la parole comme on a pris la Bastille en 1789 », dans Michel de Certeau, *La Prise de parole et autres écrits politiques*, Paris, Le Seuil, 1994）。

14 — 傅柯對伊朗革命的看法衍伸出兩種對立的詮釋：阿法瑞（Janet Afray）與安德森（Kevin B. Anderson），《傅柯與伊朗革命：性別與伊斯蘭主義的誘惑》（*Foucault and the Iranian Revolution. Gender and the Seductions of Islamism*, Chicago, The University of Chicago Press, 2005）；塔瑪禮－加布利奇（Behrooz Tamari-Ghabrizi），《傅柯在伊朗：啟蒙時代後的伊斯蘭革命》（*Foucault in Iran. Islamic Revolution After the Enlightenment*, Minneapolis, University of Minnesota Press, 2016）。亦請見哈庫特（Bernard Harcourt）主持、德費（Daniel Defert）一同參與的哥倫比亞大學「起義 13／13」（*Uprisings 13/13*）「傅柯在伊朗」（Foucault en Iran）研討會：blogs.law.columbia.edu/uprising1313/6-13/.

世俗的言説方式），並進一步問題化真理與權威的關係，或集體運動與制度實踐所遭遇的質疑和運動走向之間的關係。我希望我等等能再回來談這點。

最後，為了總結這第一個時序，我們還必須釐清言説（parole，公開言説、作為逆權或直面權力的言説、打破沉默或粉碎表達禁令的言説）與（哲學、政治、文學等）書寫或文本之間是如何接合起來的。在傅柯感興趣的每一則故事、每一段歷史中，都存在此問題，而兩者的接合又不停介入他與自身的書寫之間的關係。當然，在此我們必須提及布朗修（Maurice Blanchot）。一九六一年，布朗修在沙特與其他「普世智識分子」（intellectuels universels）的陰影下，起草一般稱為「121 宣言」的《不服從權宣言》（*Déclaration sur le droit à l'insoumission*）（註15），抗議法軍在阿爾及利亞的刑求、將此刑求問題視為國家事務與民族問題之際，同時向阿爾及利亞戰士的逃兵以及「手提箱運輸者」（porteurs de valises）提供道義支持。（註16）對法國智識分子（當然也包含傅柯）而言，這歷史舉動毫無疑問有其重要性。因此，我們現在有了當代脈絡中的「説真話」案例。但這故事還沒完，因為同一個布朗修在一篇獻給薩德侯爵（Marquis de Sade）、尤其是薩德的著名論述「法國人想要成為共和主義者的話，要再多加把勁！」的文論中（我在另一個場合中，也曾試圖證明它與《121 宣言》的相似性），也點出薩德定義哲學的方式（而布朗修則挪用此方法來界定文學）。（註17）這是另一種對「説

94

15 － 譯註：全名為《支持阿爾及利亞戰爭的不服從權宣言》（*Déclaration sur le droit à l'insoumission dans la guerre d'Algérie*），共有一百二十一名智識分子簽署。這份宣言的立場是，阿爾及利亞戰爭是一場有高度正當性的獨立戰爭，而法國軍隊不該對阿爾及利亞人施行刑求。這份宣言於一九六〇（而非一九六一）年刊登在《自由即真理》（*Vérité-Liberté*）。

16 － 審訂註：手提箱運輸者，是一九六一年重要的專有名詞，指當年反對阿爾及利亞戰爭的人，祕密運送金流的網絡。他們六月發起，九月沙特在發表《121 宣言》時，也宣讀了手提箱運輸者的宣言。

17 － 關於薩德侯爵、布朗修與《121 宣言》的關係，請見拙作〈不服從者布朗修〉（« Blanchot l'insoumis », dans *Citoyen sujet et autres essais d'anthropologie philosophique*, Paris, PUF, 2011）。

真話」的完美定義或翻譯：

> 這毫無疑問是薩德的真理〔……〕：「無論眾人如何恐懼，哲學都必
> 須全盤托出。」〔……〕光憑這句話就足以讓薩德變成嫌疑犯，讓他
> 被起訴並被關入牢裡。而我們毋須將所有責任都歸給波拿巴一人。我
> 們總是活在第一執政官之下，而薩德也始終因為同樣的原因而被起訴
> 與追捕：全盤托出，必須全盤托出，自由即全盤托出的自由，這無限
> 度的運動便是理性的誘惑、理性的祕密、理性的瘋狂。(註18)

　　我們必須注意到，傅柯一九八二年在格諾伯的「說真話」研討會與隔年秋天
在柏克萊的研討會上，都以「說真話」詞源意涵作為開頭：「全盤托出。」(註19)
如果我們有空的話，還可以把「全盤托出」跟貝克特（Samuel Beckett）所談的「誤
說」（mal-dire）與「說的律令」（l'impératif du dire）或拉岡（Jacques-Marie-Émile
Lacan）的「半說」（mi-dire）連結起來——畢竟，傅柯此時進行研究時，一定
早已注意到拉岡的觀點。

真言化、司法化、矛盾

　　現在是時候探詢「說真話」在傅柯探究種種形式的「真言化」（véridiction）
時，占據何種地位。然而，在直接處理古希臘議題之前，我們得先完成一些前

---

18 — 布朗修，〈起義，書寫的瘋狂〉（« L'insurrection, la folie de l'écrire », dans *L'Entretien infini*, Paris, Gallimard, 1969, p.342）。

19 — 傅柯，《論述與真理》（*Discours et vérité, précédé de La Parrêsia*, Henri-Paul Fruchaud et Daniele Lorenzini éd., introd. Frédéric Gros, Paris, Vrin, 2016），頁 23、79。在法蘭西學院的課程中，傅柯也有提及這點。

置工作。我無法完整描述這兩組牽涉許多不同語言的詞彙如何組織傅柯對「真言化」的探究（說真話是其中的一部分，後來甚至成為真言化的根源）。但我們得先概觀一下這兩組概念。尼采所說的「Wahrsagen」翻譯成法文後變成了「dire-vrai」（說真話），翻成英文則是「truth-telling」。這尼采式的概念某種程度上提供了一個原初的地位給「說真話」。事實上，傅柯一開始在建構真言化問題時，「說真話」並沒有占據什麼特殊的地位——即便如前所言，傅柯在非常早期時就已隱約提及此概念。「說真話」是以溢出（en excès）且事後之姿——也就是「後延」（nachträglich）——出現在傅柯的著作中。但若說傅柯的整個論述結構都因這類真言化最初的出現（雖然當時沒人知道）而極化並作為「溢出」而組織其著作，無疑會翻轉整個體系。事實上，就語詞使用的層面而言，「Wahrsagen」或真言化應該放置在兩組序列的交叉處。而這兩個序列在傅柯的研究中具有結構性的功能，這一點是無須證明的。

其中一個序列是我剛已提到的「dictions」。傅柯著作中無處不在處理「真言化」（véridiction）和「司法化」（juridiction）或「司法管轄」（jurisdiction）的對立與接合。（註20）真言化逐漸透過告解與自白而嵌入司法管轄，而問題就在於如何從中解放出來。但我們必須擴大此序列，加入其它「說真話」（alethurgiques）的面向（這多種面向都同時指涉到真言化滿足其它社會功能與歷史功能的制度）。有鑑於整個告解、悔過與正當化／司法化（justification）的問題都仰賴於「說真話」，我們便不得不加上祝禱（bénédiction）（註21）。但我們當然也必

20 — 例如，一九七八年五月二十日的〈圓桌〉（« Table rond »），收於《談話與書寫集（四），一九八○——一九八八》（*Dits et Écrits IV, 1980-1988*, Paris, Gallimard, 1994），頁 20 起，〈真理與司法形式〉（« La vérité et les formes juridiques »），收於〈談話與書寫集（二）〉；《誤做真說：自白在法庭上的功用》（*Mal faire, dire vrai. Fonction de l'aveu en justice*, Cours de Louvain, Fabienne Brion et Bernard E. Harcourt éds, 1981, Chicago-Louvain, University of Chicago Press / Presses universitaires de Louvain, 2012）。

21 — 譯註：「Bénédiction」字面上的意思為「說出好的東西」（dire du bien）。

須提及矛盾（contradiction）的問題，這點我等等會再回來談。此時，第一條軸線與第二條軸線相交，「說」（diction）遭逢到最廣義的「做」（fiction）。我們想想希維耶：他的告解或自傳都是一種同時受限但又已然預設的「說」（或者，反對施加限制的權威者），但這同時也是一種「做」，或者我們今日所說的「自我形塑」（autofiction）。但從早年談論知識考古學與知識型構史的著作，一直到後來「論述的秩序」、「知的意志」等浮現出這類問題的著作，我們都不難看到，傅柯其實都相當關心真理的諸種關係與效應。這些關係與效應將「真言化」或「說真話」與一般意義上的「驗證」（vérification）或「使之為真」（faire vrai）連結起來。而「使之為真」有兩個意涵，其一是追求客觀性的科學驗證（vérification scientifique），另一種是「贗品」（contrefait）或模仿真實之物的人造物（fiction artistique）。如果我們以德文來談論這些詞彙，那麼，除了 Wahrsagen 以外，我們還可以再加上 Wahrnehmen——法文翻成「perception」，但在許多時候（例如法文版的《精神現象學》），這個詞不僅限於心理學或社會心理學的含義，而是確定性（certitude）與真理之間的首要矛盾形象。 (註22)

22 — 《精神現象學》進入「知覺」（perception；Die Wahrnehmung）的部分時，黑格爾玩了這個德文的文字遊戲：「Ich nehme so es auf, wie es in Wahrheit ist, und statt ein Unmittelbares zu wissen, nehme ich es wahr」（G. W. F. Hegel, *Phänomenologie des Geistes*, Johannes Hoffmeister éd., Hambourg, Felix Meiner Verlag, 1952, p. 89）。伊波利特的翻譯是：「Je le prends ainsi [= l'objet] comme il est en vérité, et au lieu de savoir un immédiat (je le prends en vérité), je *le perçois*」；而樂福拜荷（Jean-Pierre Lefebvre）則譯為：「Je le prends et reçois tel qu'il est en vérité, et au lieu de savoir quelque chose d'immédiat, *je prends dans sa vérité, je perçois*」，並再加註：「Nehme ici wahr：黑格爾在這玩的是動詞 wahrnehmen 的詞源學遊戲，比較強調的不是法文的 percevoir（知覺），而是對知覺的『認識』的主動面向。亦能將其理解為『指認為真實之物』（identifier comme vrai），但這指的是我們與他人的知覺共同奠立了被知覺之物的普世『同一性』（identité）」（Hegel, *Phénoménologie de l'esprit*, tr. fr. et présentation J.-P. Lefebvre, Paris, GF-Flammarion, 2012, p. 140）。

　　若將上文做個總結，我首先認為，傅柯這整個（還能再繼續延伸的）探究的網絡最終在字詞的層面，組織了他一再聲明自己亟欲研究的計畫，也就是「真理的歷史」：這論述源自巴斯卡，而傅柯也許是二十世紀法國哲學家中首先（一九六一年）重新發現此論述的人。傅柯起初是在認識論的層面探討此問題，後來又重新將其塑造為「真理的政治史」，並明確將其等同為「真實陳述」、多種真理、以真理形式出現的論述（sub specie veritatis）的歷史或系譜。（註23）但若沒有考量到真理與別的「說」（首先是司法管轄，但不僅限於此）的接合，以及與別的真理效應（首先是科學的驗證，但不僅限於此）的接合，真理的歷史便無以存在。也就是說，一方是法，而另一方是科學，或科學的發言模式。因此我提出第二個建議：在這潛在網絡中牽涉了多重的實踐與論述，但仍少了什麼，而這缺少的元素顯然只有在回溯的時候才會變得可見。但這缺少的部分相當重要，因為加進去之後，整個問題的立場都會改變。我會說，這個缺少的元素就是辯言（contra-diction），而我們在此說的並非邏輯上的固定範疇（也就是相對於套套邏輯的東西），而是一種論述的指引（conduite discursive），因此也是存在於論述場域之物——因此也總是一種傅柯意義下的「抗衡性指引」（contre-conduite）。（註24）就此而言，矛盾／辯言是真言化的對立甚至對峙形式，也是「說

---

23 — 關於當代法國哲學中「真理的歷史」的討論，請見巴禮巴，〈「真理的歷史」：法國哲學裡巴迪悟的角色〉（« "Histoire de la vérité". Alain Badiou dans la philosophie française », dans Charles Ramond éd., *Alain Badiou. Penser le multiple*, Paris, L'Harmattan, 2002）；〈教會史應被稱作真理史〉（«L'histoire de l'Église doit être proprement appelée l'histoire de la vérité », dans Laurent Bove, Gérard Bras, Éric Méchoulan, dir., *Pascal et Spinoza. Pensée du contraste*, Paris, Amsterdam, 2007.）

24 — 「抗衡性指引」與「治理」（gouvernement）這概念是相互關聯的，請見傅柯在《安全、領土、人口》中一九七八年三月一日的課程（*Sécurité, Territoire, Population*, Cours au Collège de France, 1977-1978, leçon du 1er mars 1978, Paris, Le Seuil / Gallimard, 2004, p. 195 sq.）。亦請見亞提耶（Philippe Artières）與波特－波維耶（Mathieu Potte-Bonneville），《傅柯之後》（*D'après Foucault. Gestes,*

真話」的別名，或說，這就是「說真話」本身。

在此我沒辦法全盤論及作為矛盾與辯言史的真理之歷史與系譜（這得上溯至智者、黑格爾與其否定性的力量，或其對立面尼采與其對偶像的摧毀）。此處的重點在於，辯言是作為一種真理史與其肯定性的「溢出」（甚至是政治變體）而出現的。但這溢出賦予整個系譜新的意義。當然，我們會想到傅柯在《性史》後兩冊引述的夏荷（René Char）的話：「人的歷史就是同一個詞彙的同義詞不斷接續，而我們有義務反駁這段歷史（y contredire）。」(註25) 我們必須再補充，這義務也包含某種方法論。在布希翁（Fabienne Brion）與哈庫特（Bernard Harcourt）整理出版的魯汶講座《誤做真說：自白在法庭上的功用》(註26)，以及法蘭西學院講座和當代文論中，傅柯皆描繪出一條線性但又間斷的歷史。這段歷史始於古希臘荷馬史詩與索福克里斯著作中的說真話的人，接著是基督教的「自白」，最後則是位處現代刑罰制度核心的真言化與司法化的衝突。因此我們也許能說，此語義架構能讓我們更進一步釐清主體化與臣服化的矛盾關係之系譜的界線到哪。然而，我傾向認為，傅柯在其晚年的「說真話」講座中，重建了某個失去的連結並將其置回起源處——說真話成了主體化與真言化的連結，並在政治與哲學的接合點上構築出某種特有的抗衡性指引。由此出發，我們能在真理或「說真話」的歷史中，尋找這種以真理反抗權力的方式，並分派給其一種「逆權力」（contre-

Luttes, Programmes, Paris, Les Prairies ordinaires, 2007）。〔審訂註：「Conduite」在傅柯的意義下，是指「指引」，也就是說，好的治理不是外在強迫，而是有一套好的論述——生物學、統計學、遺傳學等的論述——指引人們朝向一種常規化、正常化。換句話說，最好的治理技術，就是讓個體自我驅動、自我引導。〕

25 — 夏荷，《脆弱時代》（L'Âge cassant）。請見米奈（Jean-Claude Milner）的評論〈傅柯或時代邊緣上的義務〉（« Michel Foucault ou le devoir aux rives du temps », dans La Règle du Jeu, nº 28, avril 2005）。

26 — 見註 18。

pouvoir）的角色。因此，問題不在於描繪某種範本或理念，而在於同樣的辯言在不同的當下條件中一再重申，或者，以布朗修的話來説，就是在不同的當下條件下中斷（對布朗修來説，中斷的原型總是採文學形式，但這「文學」既能包含政治也能介入政治）。

對立體系與逃逸線

　　這種辯言不僅替真理史添上一筆，並顯現為種種真言化形式的溢出，也作為一種 Wahrsagen 的形式或風格包含了某些溢出之物，並與先前的著作重新連結起來——但這種連結的方式與此連結所指涉的對象皆相當特別。被重新接上的，是傅柯在撰寫《瘋狂史》（*Histoire de la folie*）以及替巴岱伊（Georges Bataille）《著作集》（*Œuvres*）寫序時的焦點：「踰越」（transgression）。（註27）我認為，現在一方面需要將此連結謹記在心，另一方面也得聚焦於傅柯在其晚年講座中如何以類結構主義（quasi structuraliste）的方式重建諸種説真話形式的體系。此處的問題不單純是描述性的系譜學或從某個原初意義的偏離，也不在於朝往某個能成為「真理」的最終意義前進，而在於諸種説真話的對立形式之間的對稱安排（une *disposition symétrique* de *formes opposées*）。我們需要聚焦在這個非常驚人的事實：最終，傅柯構築的是形式化的或至少圖式化（schématisation）的、清清楚楚的對立命題，而這種種對立的部署則作為整體「定義」了説真話是什麼。我當然知道，我這樣的説法仍不免成為某種簡化，因為傅柯探討説真話時，雖以歐里庇得斯的《伊翁》（*Ion*）開頭，但並沒有給出一個相應的結尾，因此並未封閉此討論。與此相反，他主張，新的説真話樣態複製了説真話的發言模式，在古希臘之後仍然以哲學與

103

104

27 — 傅柯，〈踰越序論〉（« Préface à la transgression » [1963], dans *Dits et Écrits I*, nº 13, *op. cit.,*），頁233。

冥想的苦行（ascétique）實踐、智慧、自我關懷、師生關係（並特別主張說真話是師長的事而非弟子的事）等種種形式保存了下來。然而，延續下來的，只是一種有著政治與行政治理性形式的說真話罷了（特別是大臣、議員或君王的建言者等人物）。（註28）然而，這些形象都是古典說真話的弱化或甚至衰敗——唯一的例外是賽內卡，他把說真話帶出了希臘的文化場域，並將其重新命名為「libertas」（自由），並構築出一扇從希臘哲學通往羅馬道德觀的大門。（註29）

但我現在得繼續聚焦於古典的說真話形式。古典的說真話共有四種形式，或者，更好的說法是，「二乘二」種形式，也就是雙重的對立體系——蘇格拉底、伯里克利（Périclès）、第歐根尼（Diogène）與主張自己代表人民的演說家或煽動者（在古典文學中，大概就是克里昂的形象那樣的人）。（註30）這體系的兩端是這樣組織起來的：首先是「政治層面的說真話」與「哲學層面的說真話」，而這兩者再分別細分為兩組對立的形象。政治層面的說真話以伯里克利為代表，他展現出真正的真理的勇氣，並想要以邦民的利益來領導城邦，而其對立面則是模仿他的對手，也就是想藉由把說真話分派給所有邦民，藉此「民主化」說真話、並讓人認為諸眾即是真理的顯現或把諸眾的意見作為真理的煽動家克里昂。而哲學層面的說真話乍看之下沒有上述意義下的階序或價值判斷，只有單純將以第歐根尼為代表的「犬儒」式說真話與蘇格拉底式的說真話對立起來，而蘇格拉底的作用在於提醒他的對話者——也就是其共民（concitoyen）——必須從將臨的死亡（也就是真理的時刻）出發來檢驗自己的生命與行徑，而檢驗的方式則是透過已成為哲學訓練的中介，也就是對話。

在此，傅柯的文本中出現了讓許多讀者訝異的事情。在蘇格拉底與第歐根

28 — 《治理自我與他者》，一九八三年一月十二日的課程，見前引書。

29 — 《真理的勇氣》，一九八四年三月二十一日的課程，見前引書。

30 — 請見《治理自我與他者》，頁99。

尼兩種典型「哲學」說真話的平行關係之間，第歐根尼的形象越來越多。傅柯在一九八四年二月二十九日的課堂上花了許多篇幅、好幾節課來檢視第歐根尼，而犬儒主義則在此過程中變成一種跨歷史的範疇。犬儒主義跨越所有西方的歷史，並似乎對每個「真理的勇氣」的形象造成影響 —— 包含傅柯喜愛的例子，也就是「戰鬥姿態」的、作為革命活動的生命。在此，「真理的勇氣」被轉變為與常態和合宜（bienséance）之間的「醜聞式的斷裂」（une rupture scandaleuse）。在我看來，關鍵在於，如果我們不把第歐根尼這個內在於古典說真話的溢出給納入體系，這個體系的完整就只是假象，我們也就因此無法理解傅柯的體系。我們必須納入第歐根尼（即便他將自己排除在構成城邦的「論述類型」之外），才能劃出說真話的「邊界」與其「辯言」的功能。因此，我們必須把第歐根尼這類人視為界限上的說真話者。在此我跟某些正統詮釋者的立場有些不同：我並不認為第歐根尼代表對立於「言說」的「生命」，或他體現了哲學朝向某種生命形式的運動（相對於論述形式、論述性或對話性的真理）。(註31) 言說與生命彼此相互接合，在蘇格拉底的案例是如此，在第歐根尼的案例中亦是如此，雖然兩種接合的方式顯然不同。我認為，第歐根尼代表了第二種層次的「抗衡性論述」（contre-discours），或者，如果從某種反身式的否定性（une négativité réflexive）來說的話，他代表了論述性的象徵姿態（例如裸奔或學狗叫）與否定的態度（不回答問題、保持緘默、毀壞對話與溝通的義務 —— 即便這是哲學與參與城邦生活的基礎 —— 讚揚醜惡與貧窮、主張接受到將貨幣貶值的神聖使命等等，這些立場以現代的話來說，都讓其成為一名安那其與不道德的人，也就是希臘悲劇中所說的「apolis」，非邦民）遭逢到其界限。(註32) 當然，姿態跟態度都是語言的一種，

106

107

31 —　這是荷維勒（Judith Revel）在耶魯大學「傅柯：一九八四之後」研討會上的論點。

32 —　我們知道第歐根尼稱自己為「世界邦民」（cosmopolitès），而這通常都是被以否定的方式詮釋，也就是說，拒絕受限於某個既有的城邦，因此也拒絕服從該城邦的法律。傅柯沒有使用「世界城

是沉默的聲音，但這類語言則透過反應（réaction）來造出話語，並以某種方式脫離「善意」的成約。真言化成了永恆的「醜聞」，但醜聞是挑釁的一種。(註33)

有了內在於體系的溢出，或體系的逃逸線之後，體系方得完成。無論在政治或哲學方面，這體系都包含了兩個正面或肯定性的形象（伯里克利和蘇格拉底這兩位肯定古典遺產的「英雄」），以及兩個否定的形象（煽動的政客與犬儒的反哲學家）。但這些形象是以截然不同且相互對立的方式體現出否定性：就形式上而言，煽動家也同樣是說真話的人（畢竟，「誰是煽動家」或認為自己代表人民的「民粹主義者」這些棘手的問題總是很難回答，甚至無法回答），而犬儒的反哲學家似乎宣告了說真話實踐的末世論界限（limite eschatologique）。但末世論界限也同樣難以定義，畢竟其在——以顯然縈繞著傅柯論述的話來說——「超人」與「最後之人」之間擺盪不定。因此，這第二條對立軸線除了使政治和哲學交疊之外，也是劃分出規範化與常態論述的界線。這分裂出現在所有勇敢行徑的核心之中，在失序或引發失序的論述或準論述之中，藉此開啟了一個無法決斷且模稜兩可的境界。不過，這兩組對立並不真的是同一個層次

邦論」（cosmopolitisme）這個概念，但他在根據一則著名的歷史神話敘事來對比亞歷山大這個世界征服者的普世主權與第歐根尼這個「悲慘君王」的反主權（或神祕主權）之後，把犬儒主義者的「政治參與」的非政治性描述為「宇宙政府」（gouvernement de l'univers）。

33 — 傅柯用了許多次「真理的醜聞」（scandale de la vérité）這種表達方式。整體而言，這句話有其聖經背景（保羅曾說過，預言被釘十字架的基督對尤太人來說是「醜聞，對外邦人來說是愚拙」）（哥林多前書 1:23）。〔譯按：這裡所說的「醜聞」在聖經中的原文是「σκάνδαλον」，通常翻成「絆腳石」，但也有醜聞的意思。〕但更直接的關聯則來自貝納諾斯（Georges Bernanos）在慕尼黑協定後於一九三九年發表的一篇（針對莫拉斯〔Maurras〕和法國政界的）檄文：《真理的醜聞》（Scandale de la vérité），其中特別提及：「醜聞不在於說出真相，而在於不完全說出真相，並藉由略過謊言使其表面完好無損，但卻如同癌症一樣侵蝕其內心與臟器」（Paris, Gallimard, 1939, p. 56）。兩者間的聯繫或許出自巴斯卡在《致外省人書》（Provinciales）中的觀點。

的對立──後者決定了前者，犬儒主義者的反哲學因此與煽動者的衰敗政治進行競爭，並逐步與所有種類的說真話展開競爭。(註34)

說真話與掌權（dunasteia）：「民主的」個體性

雖然上述顯然只是脫離文本的嘗試性詮釋，還有待更進一步細讀來檢驗，但我想先提出一個假說作為結論。大家還記得吧，我開頭時曾談及說真話的問題如何與對康德啟蒙文本的反覆探究接合在一起的問題。如果不是為了釐清「批判」的意義並與其同時期著作劃出界線的話，傅柯為何要花費如此大量的心力來闡明古代說真話的哲學用法與政治用法的複雜語義？我們別忘了，彼時，哈伯馬斯正在發表許多直接針對傅柯（或他所認為的傅柯）的論戰。這是彼時的重頭戲。里歐尼力（Rudy Leonelli）正確指出這場交鋒的重要性，也重構了論戰的全貌。(註35) 然而，他沒有提及說真話的問題，因為這問題似乎外於「啟蒙」的現代性場域的相關爭論。但我認為，如果我們給予說真話這個智識範疇足夠的地位，便不難發現，其進場正好讓這場論戰去中心化。「說真話的人」的內在多樣性讓說真話本身成為問題，並引發許多對立，甚至與其自身對立（如犬

34 — 我們可以試著簡單概括一下這幅對立圖式：其中犬儒主義者（第歐根尼）作為一位典型的結構主義者占據了「空位」──浮動指符的位置，而這個指符在整個歷史中不斷改變其所指（或同一性）：

| 保守政治（伯里克利） | 哲學（蘇格拉底） |
| 煽動政治（克里昂） | 無政治的反哲學（第歐根尼） |

依此邏輯，犬儒代表了一種對保守政治的「雙重否定」，而哲學與智者都只是單純或部分的否定：

| 伯里克利＋＋ | 蘇格拉底＋－ |
| 克里昂－＋ | 第歐根尼－－ |

35 — 見里歐尼力前引書，尤其是第六章〈哈伯馬斯的批判：另一種傳統觀〉（Le critiche di Habermas: un altro concetto di tradizione）。

儒學派），而對傅柯來講，這些對立便開啟了「第三條路」的可能性——所謂「普世智識分子」（l'intellectuel universel）與傅柯曾短暫命名的「特殊智識分子」（l'intellectuel spécifique）之間的第三條路（傅柯曾將自己放入後者的範疇，但這卻讓他有可能搞混其立場與「反專家」或「君王建言者」的立場——而他的確在不同場合扮演這類角色）。（註36）此外，也如前所說，理想的「說真話的人」本身也是分裂的「說真話的人」——在政治空間的優先性與哲學空間的優先性之間撕裂並朝往「治理他者」與「自我治理」／「自我關懷」這兩個方向。然而，雖說這是兩個異質的方向，卻難免混在一起，搞混彼此。在兩者不可能的交疊之處出現的是「特異的智識分子」（l'intellectuel singulier），或藉由諸多歷史特異性來界定自身的智識分子。這類智識分子既不「普世」也不「特殊」，其生命與論述形式超越這形上學的區分。特異智識分子嘗試論述當下、談論其權利與義務，說出當下不可容忍之事與當下的種種可能性。

接著，讓我們回到民主與其出名的困窘之處。我們必須再一次提及傅柯所描述的、戲劇性的說真話場景。傅柯面對「實用主義」這個在當代分析論述與政治接合過程中的必要關鍵時，傾向打造一種「論述的戲劇學」的概念，並拒絕（傳統且制度化詮釋的）操演性概念——也就是賦予行動者特殊地位（statut）的操演性。

我們在此能先指出兩個來自傅柯的重要指標。首先是普魯塔克的原初場景，也是傅柯一再引用的段落：「某個人挺身而出面對僭主並向他說真話。」（註37）

---

36 — 與別的當代發展軌跡相比會是蠻有趣的嘗試，如布迪厄、薩伊德等人的論述。請見薩伊德的著作《知識分子論》（單德興譯，麥田，2011），其中一章明確指涉到傅柯：〈對權勢說真話〉。也請見我的文章〈向權力說真話〉（« Speak Truth to Power », *Journal of Contemporary Thought*, numéro spécial éponyme édité par R, Radhakrishnan, hiver 2014）。

37 — 《治理自我與他者》，見前引書，頁 49。

柏拉圖在戴歐尼修斯面前冒著生命危險、挺著以失去自由為代價的風險，提出與僭主的期望與其享樂倫理恰恰相反的建言。沒有這種挑釁，「真理的勇氣」便完全沒有意義——個人風險與直面死亡這兩個特色，成為說真話的基礎。這兩個元素即便採取別的形式也不會消失，因為面對風險、直面死亡的姿態有許多種，而這些都形成生命與存在美學的一部分。然而，這些都無法化約為黑格爾辯證中的「絕對主人」（Maître absolu），或海德格存在分析中的「向死而生」。說真話是另一種形象。與可能的死亡之間的關係也不同於恐懼或踰越的遊戲，而是傅柯所說的「說真話的必要條件」（pacte parrêsiastique）的必要組成部分，也是說真話主體與自身和他者之間的條件。

　　第二個重要指標則來自傅柯對伯里克利行動的描述。在廣場上的辯論中，對立的意見彼此衝突，或者說，各派系與其領導人彼此衝突。(註38) 對峙的場域規範並區隔出平等發言權（isègoria），而伯里克利此時則運用他的「登臺」走向前，並運用說真話的力量——純粹論述性的力量——來以「好的政策」或「正確的政策」統一城邦（而這便是許多哲學家所說的「politeia」本身的意義）。(註39) 傅柯以希臘政治中的關鍵詞彙「掌權」（dunasteia）——但這概念很難翻譯為我們的語言——來命名此對峙。傅柯先前分析荷馬時期的衝突時便強調，掌權是

114

---

38 — 《治理自我與他者》，一九八三年二月二日與二月九日的課程，見前引書。

39 — 對我來説，若説傅柯是透過強調「going to the fore / venue au premier plan」與「ascendance」來反駁維農（Jean-Pierre Vernant）在幾十年前藉由「milieu」（或空場所）來重新引發古希臘城邦與民主起源的辯論——並同時指出邦民必須向其共民發聲——時所提出的論點，有點太過牽強。請見維農，《希臘思想的多重起源》（ *Les Origines de la pensée grecque*, Paris, PUF, 1962 ），亦請見〈早期希臘宇宙學中的空間幾何學與天文學〉（ « Géométrie et astronomie sphérique dans la première cosmologie grecque », *La pensée*, nº 109, 1963, reprise dans *Mythe et pensée chez les Grecs*, Paris, Maspero, 1965 ）。

一種發號施令的力量（une puissance de commander），與「turannis」——「王」，而非僭政——關係密切，就如索福克里斯的書名所示：《伊底帕斯王》（*Oidipous Turannos*）。然而，王不等同於僭政，因為王意味著一種美德以及在情境中行動的能力，而不是一種地位或選任的頭銜。另一方面，「掌權」也必然與「archè」這個希臘形上學與人類學的基本範疇產生關聯，也就是與權力、權威、開端、起源、原則有關。如果我們根據亞里斯多德的說法，「Archè」這概念涵括了從一般意義下的至高者（souveraineté）——屬於人民或民主體制的邦民共同體的主權——到分配政府職責的官職等諸多理念。（《政治學》第三卷）。

然而，「掌權」還附加另一個個體化的元素。在此我們先回到拉丁語（以及我們在鄂蘭、柯耶夫〔Kojève〕或斯特勞斯〔Leo Strauss〕等人著作中都看得到的、對語言權力的反思）：作為民主「登臺」的「掌權」，在拉丁語中的對應詞可以是「auctoritas」（權威）——如果賦予這個概念作者（auteur）的作用與價值的話。換言之，就是開啟政治真理的場域，讓個體能致力於捍衛真理，並承擔起隨其主張而來的個人責任與風險。（註40）這類權威不是我們在世襲或選舉中所看見的權威，而是一個特質——站在集會中、與平等公民一同前進時的自我創造。在此時，我們有說話與命令的平等權利（isonomia、isègoria）。這裡的重點在於說真話這個範例被視為決斷的能力或傑出的洞察力，而這至少在某個時刻是有效的，也是因此，才能透過其登臺來治理城邦與邦民——但這總是伴隨錯誤與不受人民歡迎的雙重風險。我想這與傅柯所說的「說真話式的介入」的共同特色有所關聯。說真話與肯定既有的論述秩序相互對立。說真話旨在開啟一個無法決斷的空間，或者，我們也可以說，是要懸置規範的有效性（無論這是指哲學層面或政治層面的規範，或兩者皆是），並藉此再造規範。然而，這裡有個重點值得我們注意：此處提及的行動所俱備的德行與能力都對應到傳

---

40 — 我雖然用「開啟」、「開端」等詞彙，但我想挪用一下荷維勒提議的詞彙「開場」（inauguration）。

統意義上的典型陽剛模範。（註41）

　　我基本上認為，傅柯當然關心民主，但他對民主的保存或再造的看法相當
弔詭。如果我們以哈伯馬斯談論政治與溝通行動理論的相互性這類規範性概念
來審視說真話，就更弔詭了。對傅柯來說，保存民主不只需要以抗衡性指引來
阻止民主退化為煽動、為特殊利益服務的寡頭，或選舉機器與傳播媒介的宰制，
保存民主還有個類貴族（quasi-aristocratique）的面向。當然，這裡所說的貴族無
關乎血緣與名分，也與社會階級、財富或甚至專業知識無關，而是一種特殊意
義上且終究是倒錯的「貴族式力量」（force aristocratique）。所謂「掌權」這類
權力或權威是在相互預設的迴圈中與說真話產生關聯，因此，真理的效應只有
在這權力浮現時才會發生——但前提是，這權力本身與宰制、規訓、規範完全
區分開來，並純粹與「說真話」這種溢出既有制度與機構的高風險實踐交疊。
也是因此，這權力不但脆弱且偶然，總是有失敗的可能，但也總是願意承擔失
敗的風險（我們知道，即便有少數例外，但政客幾乎都不「說真話」；與此同時，
他們又不斷要求彼此「說真話」）。然而，即便說真話中斷了溝通而擾亂民主
的運作與秩序，這種權力仍是在一個民主的制度性架構中建構起來的（如古雅
典人的集會）。我們可以藉由溝通來中斷常態的溝通，也就是實踐「逆溝通」
（contre-communication）。但這要不是風險很高，就是會被忽略。要不改變一切，
要不就是徒勞。某種意義上來說，我們在此處理的是「混合政體」（constitution
mixte）的對立面。從亞里斯多德到孟德斯鳩與其後的理論家都主張，民主只有
在透過「權力分立」來將其君主制成分或寡頭起源（總統行政功能、代議選舉、
專家與遊說的權力等）納入其中。但傅柯以時代錯置的方式重返說真話與「掌

117

118

41 ― 但傅柯有提及一個陰性／女性的說真話形象，也就是歐里庇得斯悲劇《米迪亞》（*Médée*）中
　　的 Créuse（cf. Adriana Sforzini, « Dramatiques de la vérité : la *parrêsia* à travers la tragédie attique », dans D.
　　Lorenzini, A. Revel et A. Sforzini dir., *Michel Foucault : éthique et vérité 1980-1984*, Paris, Vrin, 2013, p. 151 sq.）。

權」，以及兩者與古希臘城邦——哲學總是位處核心，但也同時總是遭受質疑的地方——的接合，用意在於透過擾亂與中斷來讓民主重拾其原則。我們可以稱此為「貴族式」或「類貴族式」的觀點，但就根本上而言，這仍是個政教分離的「貴族式」觀點，完全不同於韋伯筆下的「魅力領袖」或先知的介入。基本上傅柯的論點是，「民主」不可能是穩定的自由與平等的制度，每個民主制度都是民主的辯言／矛盾環節；民主既不同於真言化，也與既有的司法化拉出距離。我們從此觀點便能理解，為何傅柯在二十世紀末重返古希臘尋找（也許還發明了）「逆民主」（contre-démocratie）的形象。逆民主雖是「逆」，但仍代表了民主行動本身，而政治與智識在此則有了交會的可能。然而，另一方面，或者，對我們來說，這個遺產是最難繼承並交付下去的：這個「醜聞」與「自我權威化」的弔詭貴族論，不正是設立平等制度的可能性條件嗎？有鑒於說真話是「逆著出現」的，也就是作為辯言、矛盾與對應點（contrepoint）來擾亂論述的秩序，如果這個制度已經被廢除、中性化、去自然化，或完全被溝通產業吸納的話，會發生什麼事？

正如那位柯尼斯堡的哲學家所言：「輕盈的鴿子也許會想像，牠在真空中能飛得更遠。」（註42）

---

42 — 康德（Emmanuel Kant），〈導論〉，《純粹理性批判》（Introduction de la *Critique de la raison pure*, 1781, dans *Œuvres philosophiques*, I, Paris, Gallimard, coll. «Bibliothèque de la Pléiade », 1980），頁764。

附錄
獻給生者與死者的三個詞

我的老朋友、前東京大學教授加藤晴久 (註1) 寫了這封信給我：

我看到整個法國哀悼的影像後被深深觸動。我一直都很喜歡沃林斯
基 (註2) 的作品，也有訂閱《鴨鳴報》（*Canard enchaîné*）(註3)，也非常欣
賞卡布 (註4) 每週的「大老粗」（Beauf）系列。我桌邊現在還擺著《卡
布與巴黎》（*Cabu et Paris*）這本作品集，裡頭有他的日本女孩畫作，
以及遊客在香榭大道上玩樂的景象，都是很棒的作品。

但他隨即補上：

一月一號的《世界報》編輯版以這幾個字開頭：「想爭取更好的世界？
那我們首先得要強化對伊斯蘭國與其盲目野蠻主義的抗爭。」這聲明把

---

1 —　譯註：加藤晴久（1935-），專長為法國文學與翻譯，曾獲頒法國文藝勳章（L'Ordre des Arts et
　　　des Lettres）與學術棕櫚勳章（L'Ordre des Palmes académiques）。他除了是巴禮巴《論無產階級
　　　專政》（*Sur la dictature du prolétariat*）的譯者，也大量譯介布迪厄的著作到日本，同時也合譯法
　　　農的《黑皮膚，白面具》。
2 —　譯註：Georges David Wolinski（1934-2015），漫畫家，二〇一五年在《查理週刊》總部遭槍擊身亡。
3 —　譯註：創立於一九一五年，以諷刺聞名的法國政治週報。
4 —　譯註：Jean Maurice Jules Cabut（1938-2015），筆名卡布（Cabu），《查理週刊》的漫畫家，也於
　　　二〇一五年在週刊總部遭槍擊身亡。

我嚇壞了，我想，這不是很矛盾嗎？我們居然要為了和平而發動戰爭！

其他人也從世界各地（土耳其、阿根廷、美國等）寫信給我，所有人都表示同情、團結，以及不安。他們替我們的安全、民主、文明──我只差沒有說「我們的靈魂」──感到擔憂。我想回應這些人，並同時回應《解放報》的邀稿。的確，知識分子應該表明其立場，而這並非因為知識分子有某種優勢者的觀點或特別的清醒，而是因為他們不該沉默，不該算計發言的後果。在城市遭受危難時，知識分子有義務發言。而今天，在迫切的情況中，我只想談論三個詞(註5)。

共同體。沒錯，我們需要共同體，藉此來哀悼死者，團結彼此，得到保障並藉此反思自身。這種共同體不是排他性的，那些在我們歷史上最黑暗的時刻中被政治宣傳描繪為「入侵者」與「恐怖主義者」，並成為我們恐懼、貧困或妄想的代罪羔羊的人，更是不會被共同體排除的人──無論他們是法國公民或移民。不過，相信國民陣線（Front national）(註6)所言的人，或是被韋勒貝克（Houellebecq）閒言閒語誘惑的人，也不會被共同體排除。共同體必須與自身商榷，而這商榷過程並不會止於疆界，因為很顯然，有鑒於當前「全球內戰」（« guerre civile mondiale »）的態勢，情感、責任和倡議是我們共享的，亦必須在國際層面上共同商榷。而如果可能的話──莫杭（Edgar Morin）在這點上完全正確(註7)──我們應該從某種世界政治的架構（cadre cosmopolitique）來看待共同體。

---

5 ─ 譯註：巴禮巴原文是「三、四個詞」（je ne veux prononcer que trois ou quatre mots），但整篇只談論三個，故省略「四」。

6 ─ 譯註：法國極右政黨，二〇一八改名為「國民聯盟」（Rassemblement national）。

7 ─ 莫杭，〈法國世俗本性與自由的核心遭受重擊〉（« La France frappée au cœur de sa nature laïque et de sa liberté »），《世界報》（Le Monde），二〇一五年一月八日。

　　這便是為何共同體不同於「民族一統」或「國家一統」（«union nationale»）這類東西。這概念事實上做的盡是開不了口的髒事：在不合理的問題上強制大家噤聲，或讓大家相信例外程序是無可避免的。即便是二戰中的抵抗運動（la Résistance）也沒有援引「國家一統」這類說詞。現在我們已經見證，法國總統如何藉由「全國哀悼」——而這是以他的特權發動的——來正當化軍事介入，且同時肯定自己的所作所為並沒有把世界推往更糟的地方。在這之後，還有一堆陷阱讓我們展開一系列辯論，討論哪些政黨是「國家的政黨」或「民族的政黨」、哪些不是，又或者他們是否承擔起「國家」、「民族」的名號。我們難道是要與國民陣線的勒龐（Le Pen）女士同流合汙嗎？

　　輕率（Imprudence）。《查理週刊》的畫家是否太過輕率？是的，但這個詞有兩個意思，而我們多多少少能輕易將這兩個意思分開談論（當然，這是個主觀的見解）：不在乎危險、勇於冒險或說「英雄主義」，以及不在乎良善動機的挑釁可能帶來的災難性結果——在此指的就是羞辱上百萬已經被汙名化的人，讓他們受狂熱組織操弄。我想《查理週刊》的同志們同時是這兩個意義上的輕率。現在，當這個輕率讓他們付出性命並展現出言論自由的致命威脅之際，我只願意思考第一個意義下的輕率。但今後（因為這並非一朝一夕的事），我真的希望我們一同以最明智的方式來反思第二個面向的輕率，以及兩種輕率之間的矛盾。而這不必然意味著我們必須退縮。

124

　　聖戰（Jihad）。我刻意以大多數人最害怕的詞來作結，因為我們是時候檢視「聖戰」的所有意涵了。我現在對這主題還只有初步的想法，但我很確定：我們的命運掌握在穆斯林手上——無論「穆斯林」這命名有多麼不精確。為什麼？因為即便我們當然要警惕，別將所有人混為一談，也該反對主張《古蘭經》與口述傳統都是謀殺的「恐伊斯蘭症」，但這仍有所不足。當聖戰論者組成的網絡開始剝削伊斯蘭時，我們首先得記得，他們在歐洲以及全世界的主要受害

125

者都是穆斯林，而我們只能以神學批判回應之，並在最後重新型塑該宗教的「共同感」（« sens commun »），藉此讓信徒看清聖戰論悖離真實之處（contrevérité）。否則，我們全都會被捲入恐怖主義的致命束縛，讓他們在這個已危機重重的社會中吸引更多被羞辱與冒犯的人。同時，許多越來越軍事化的國家也會祭出維安政策，而我們的自由也會被維安政策所威脅。因此，穆斯林肩負某種責任，或甚至任務。但這也是「我們」的責任，而這不僅是因為我所談的這個「我們」、此時此地的「我們」必然涵括了許多穆斯林，也因為我們若持續接受現狀，孤立穆斯林與其宗教和文化，那麼，提出神學批判與重塑宗教的機會終將消失。

譯後記
民主需要例外

| 譯者　申昀晏

一、民主的弔詭

　　西羅多德的《歷史》中有這樣一個場面：在統治真空狀態中，三個人各提一案決定日後的統治形式。歐氏認為，「一人統治」（μοναρχία）不佳，因為統治者的種種考量可能都只聚焦自身，其決策不受任何人約束；相較之下，「多數人統治」（πλῆθος... ἄρχον）是較好的選項，眾人平等，一切職務皆由抽籤決定。相較於歐氏，美氏認為，「少數人統治」（ὀλιγαρχία）毋寧較為理想，畢竟，人民通常是無知的，而在此情況下，與其讓人民統治，也許將統治權交付給少數優秀者才是明智的選擇。最後發言的達氏則不同意兩人的觀點，達氏認為，無論多數人統治或少數人統治都有個問題，那就是統治集團內部意見容易分裂、產生派系對立，相較之下，「一人統治」才是最為理想的：只要統治者有才能，人民便可安心接受其統治。(註1)

　　這場面之所以出名，並非因為有不同的論點相互競逐──這在古希臘是常態。三人各自提完觀點並投票後，達氏的「一人統治」論勝出，而歐氏在理解眾人此後不可能平等之後，說了一句饒富寓意的話：「我不願統治，也不願接受統治」（οὔτε... ἄρχειν οὔτε ἄρχεσθαι ἐθέλω）。(註2) 歐氏的這番話才真正拉出整個

1 ── 希羅多德，《歷史》，第三卷，80-2。

2 ── 希羅多德，《歷史》，第三卷，83。

場景的張力。不願統治也不願被統治，這是澈底廢除權力（古希臘文的權力與統治是同一個字）？還是一種無權力的權力、無原則的原則（古希臘文的權力與原則也是同一個字）？日後許多思想家對此爭論不休。

但還有個許多人忽視的重點：即便大家尚未決定該由一人統治、少數人統治或多數人統治，但這商榷的過程卻預設了多數人統治——不是一個人的意見，不是兩個人的意見，而是提案者全體（雖然只有三人）一同商榷。這是一次以多數決廢除多數決的決議，或者說，以民主的方式廢除民主。這是民主的魅力、民主的潛力，是民主的長處，也是民主的短處。至今仍有許多人討論民主的優劣，但鮮少有人參照這名場面。然而，這正指出了民主的弔詭：民主的優點是容納有別於既有民主體制的異議，而這除了包含「非民主」的觀點以外，也包含「反民主」。

古希臘以降，民主的內部張力業已存在，而其不穩定的狀態也是民主倍受批判的原因。若每個人都可以自由發表意見，那到底要聽誰的？如果每個人的意見都享有平等的重量，那愚民的意見不也跟菁英的意見一樣重要？如果愚民數量大於受教育的菁英，民主豈不變成愚民主導的政治？反過來問，如果大部分接受統治的人真的是愚民，但愚民卻無法主導其自身的生活，那這體制還稱得上民主嗎？也許我們可以這麼理解：民主備受批判的原因，正是因為民主承諾「批判」。平等且自由的批判。

古希臘許多理論家都理解，民主雖然承諾異議，但民主無法保障異議。傅柯曾指出，西元前四世紀的雅典民主有三大要素：政治體制（πολιτεία；politeia）、平等發言權（ισηγορία；isēgoria）與平等參與權（ισονομία；isonomia）。 (註3) 然而，雅典民主卻無法保障異議權，也就是「說真話」（παρρησία；parrēsia）的權利：「舉例來說，沒有法律保障說真話的人免於因其所言而遭受潛在的報復或懲罰。」(註4)

---

3 — M. Foucault, 2001, *Fearless Speech*, ed. Joseph Pearson, Semiotext(e), p. 22.

4 — M. Foucault, *Fearless Speech*, p. 72.

「即便法律讓某人成為公民，即便該人是個合法公民，他也不會因此享有說真話的權利。」(註5)

　　「說真話」預設了需要說真話的場面，也就是說，說真話不單純是說出事實，而是說出需要說出的事實。或者說，事實需要說真話，需要「全盤托出」——古希臘文的「παρρησία」（parrēsia；說真話）一詞就源自「πᾶν」（pan；所有）與「ῥῆμα」（rhēma；所說之物事）。(註6)也是因此，說真話往往是下位者對上位者、少數對多數的發言或「諫言」，而伴隨說真話而來的也往往是被排除於共同體之外、被剝奪公民身分，甚至死亡。(註7)就此而言，說真話不只是純粹個人的實踐，不只是說真話的人（παρρησιαδής）與其所說的話之間的關聯。說真話也牽涉到共同體，以及自我與共同體的關聯，而說真話的人可能對共同體造成非常嚴重的影響。這正是為何無論以什麼型態存續、以什麼政體為名的共同體，都相當戒慎說真話（的人），就連古希臘的民主體制都無法將說真話給合法化。

　　但民主要求說真話。民主的運作邏輯是迴圈式的：人民主導人民，因此人民要知道人民是誰，要知道人民要什麼，要知道人民想如何主導自身（也就是如何被自己主導）。也是因此，民主與說真話之間也存在某種「本質性的迴圈」（une circularité essentielle）。傅柯如此說道：「為了要有說真話，就必須要有民主。為了要有民主，必須要有說真話；而為了要有說真話，又必須要有民主。」(註8)

　　於是出現了「說真話（言論自由）與民主間必然的二律背反」。(註9)雅典

5 — M. Foucault, 2008, *Le gouvernement de soi et des autres. Cours au Collège de France (1982-1983)* , Seuil / Gallimard, p. 97.

6 — M. Foucault, *Fearless Speech*, p. 12.

7 —　M. Foucault, *Fearless Speech*, p. 17-8.

8 — M. Foucault, *Le gouvernement de soi et des autres*, p. 143.

9 — M. Foucault, *Fearless Speech*, p. 77.

民主保障平等發言權，但卻沒辦法保障發言者的安全與自由。可以確定的是，平等發言權是說真話的「背景」，前者由法律所保障，後者卻處於非法（而非違法）的狀態。該如何理解這難題？傅柯認為，說真話不同於既有的法律保障，說真話是一種「實際層面的政治實踐」（la pratique politique effective），也是「民主的內在法則」。(註10) 如果我們考量到法文中的「法則」跟「法律」是同一個字（loi），那麼，也許我們可以說，對傅柯來說，「民主需要其無從合法化的非法或法外政治實踐」，這說法雖然弔詭，但這弔詭本身卻是民主的法則。

二、法與法外之物

傅柯的論述所點出的弔詭就在於，法如何將法外之物納入法中？此外，我們還可以再追問，這樣的做法除了擾亂既有秩序（而這不見得是壞事）以外，還有什麼別的「風險」？

一般而言，法與法外之物是互斥的。但近幾十年許多論者已指出這類邏輯站不住腳，其中最有名的論述，也許來自阿岡本的《例外狀態》。(註11) 阿岡本明確指出，「主權者」雖是法秩序的根基，但其本身便是處於法律之內的法外之物。或許換個講法會更清楚：正因為主權者是法秩序的基礎，主權者才會成為法秩序之內的法外之物。如果主權者本身便受法律所約束，那麼，主權者便無法讓法律生效；為了讓法律生效，主權者必須在法律之外（或之上），但同時將此「之外」或「之上」納入法律，藉此維持法秩序。也是因此，主權者本身便是法的例外，而法的常態本身便得仰賴此例外才得以維持下去。

阿岡本指出的「例外狀態」成為許多當代辯論的焦點，而作為例外的主權

10 — M. Foucault, *Le gouvernement de soi et des autres*, p. 172.

11 — 喬吉歐・阿岡本，薛熙平譯，《例外狀態》，春山出版，2023。

者也不斷遭受批判。舉例來說，在進入緊急狀態（如戰爭）時，主權者為何能懸置一國最高、最基本的憲法，並讓所有「常態」下的基本權利保障都不復存在？緊急狀態由誰宣告、由誰確認？緊急的標準由誰制定或判定？緊急狀態何時結束？像戰後臺灣的戒嚴體制這般懸置憲法數十年的「例外狀態」在什麼意義下還稱得上「例外」而非常態？或者，根本來說，若主權者本身便是問題的根源，而近代法秩序又是以主權者為基礎，那麼，若這「例外」難題沒有處理掉，是否在「常態」中的一切奮鬥與付出都有可能功虧一簣？

　　是的，一切都有可能徒勞。事實上，無論有沒有例外狀態，一切都有可能徒勞。然而，若從傅柯對民主與說真話的分析來看，「例外」——法秩序內的法外之物、合法的非法之物——也可能是救贖而非絕望。若要理解這點，也許得先釐清「法」與「非法」這類對立的基礎何在。

　　德希達（Jacques Derrida）有個有趣的說法：任何一組對立要成立，都必須有道疆界劃分出對立的雙方，而對立的雙方亦各自有個疆界框住自己，藉此讓自己成為個穩定的概念，如此「A」與「非A」這類對立方能出現。德希達稱此為「分類之法」或「分類的法則」（la loi du genre）。(註12) 德希達指出，界定概念的方式不外乎是劃出疆界，讓兩個或多個不同的分類不致彼此混淆：

> 一旦我們聽到「分類」、一旦出現了「分類」、一旦我們嘗試思考「分類」時，便劃下了一條界限。而當界限被分派時，隨之而來的便是規範與禁令。(註13)

超出界限的話，分類便不成立，對立也不成立，因此，規範與禁令是「分類

12 — J. Derrida, 1986, « La loi du genre », *Parages*, Galilée, p. 249-287.

13 — J. Derrida, « La loi du genre », p. 252.

的法（則）」，用以將某分類限定於某分類中。然而，正因為「Ａ」必須仰賴「非Ａ」來區辨出自己，這也就代表，若沒有「非Ａ」，「Ａ」根本無從成立。換言之，對立雙方的界限在劃定界限之際就混淆了，而純粹的「Ａ」之中早已有不純粹的「非Ａ」了。(註14) 這並不代表分類或其法則需要完全廢除，僅代表任何分類都是不完善且恐怕永遠無法完善的，因而需要透過時間與該分類外之物來做更多的增補。

不過，既然分類依循的是分類的「法」（loi），那麼，「法」又是如何跟「非法」劃出界限的？換句話說，如果「不得將分類與彼此混淆」是「分類的法則」，那麼，分類的法則所依循的法則（la loi de la loi du genre）是什麼？德希達指出，「法」首先是依循「違法」（contre-loi）來構建自身，而這其實與別種分類方式一樣，都是透過非自身來構建自身；既然如此，也就不存在「純粹的法」。(註15) 德希達因此說道，「分類的法則所依循的法則」是「汙染的準則」，亦是「不純粹的法（則）」（une loi d'impureté）。(註16) 這些準則「參與其中但卻不屬於該分類」（participation sans appartenance），但若沒有這類準則或法則，法便無從存在。

換句話說，「非法」或「違法」構築了「法」的可能性，而「法」也因此注定得時時參照「非法」來界定或修訂自身。(註17) 某種程度上來說，這也許是法秩序內建的自我修復或自我完善邏輯：若沒有非法，便沒有法，因此法若要成立，便必須讓非法介入自身。

德希達的說法很精彩，但完全有流於形式的可能。沒在管法律的僭主不會

---

14 — J. Derrida, « La loi du genre », p. 253.

15 — J. Derrida, « La loi du genre », p. 254-5.

16 — J. Derrida, « La loi du genre », p. 256.

17 — J. Derrida, « La loi du genre », p. 256. 嚴格來說，「非法」與「違法」卻有所不同。並非所有法律沒有觸及之處（非法）都是違法或逆著法律（contre-loi）的。舉例來說，法律雖然有規定我們購物要付錢（否則會違法），但要購什麼物卻是法律不得觸及的（非法律管轄範圍）。

在乎這些，恣意壟斷法律詮釋權的獨裁者也不會在乎什麼法與非法。如果法本身便會自我修復，那麼，已經發展幾百年的近代法在當代理應不會再有戒嚴、殖民、性別歧視、種族滅絕這類問題。但事實顯然並非如此。

三、民主化民主

受傅柯與德希達影響極深的巴禮巴在本書要處理的主題之一，就是法、法外之物（說真話）與民主之間的關係。傅柯指出民主需要說真話，德希達指出法需要法外之物，而巴禮巴則主張，說真話必須作為例外被納入法律之中，藉此讓既有的民主更接近民主，也就是「民主化民主」。

許多論者在談論「民主化民主」時，常以作為「理念」的民主來衡量作為「制度」的民主，粗糙一點來說，就是以不存在的想法來批判既有的制度。以這種取徑來看，幾乎所有脫離獨裁統治的「民主化」運動都不成立，也不值得細究，畢竟民主只是理念，而制度化的民主往往脫離理念，因而並非「民主」。巴禮巴的進路並非如此，他清楚點出「這種說法似乎消解了種種界定民主的標準，使人難以奠立（或重建）能保護權利的憲政體制」；然而，巴禮巴也不同意把所有自詡「民主」的政府都視為民主政體，因為這麼做「有可能將某些實際上純粹奉行寡頭的國家或體制稱為『民主』體制，但在這些國家中，公民參與公共事務的權利事實上都被技術官僚、經濟或文化菁英所掌控。」(註18)

那麼，該如何理解「民主化民主」呢？巴禮巴指出，就歷史上而言，我們一方面能看到既有的法律制度，但另一方面也能看到與其並存的、法律之外的集體行動，也就是他所說的「起義」。(註19)這兩者雖是並存，卻是相互衝突的（法

18 — É. Balibar, 2018, *Libre parole*, Galilée, p. 26.

19 — É. Balibar, *Libre parole*, p. 27.

律與法外）。但重點在於，法律制度的更新總是法外的集體行動的成果。這類例子不勝枚舉，例如以往奴隸制度不但存在，奴隸也合法地被當成商品買賣。時至今日，別說把奴隸當成商品，就連奴隸制本身（在大多數國家）都是違法的。這絕對不是法律的自我修復，而是奴隸起義與廢奴運動者所共同爭取的成果。

此外，民主要完善自身還有另一個面向。既然民主是人民的自我主導，人民就必須理解人民是誰，以及人民有哪些主張。要達成這點，民主體制則必須允許說真話存在，否則便是以「無知之幕」掩蓋自身，「剝奪社會認識自身構成的可能性」。(註20) 巴禮巴進一步解釋：

> 若一國之中的公民處在被動狀態，只限於服從而無法自由與彼此討論自己當前的處境、需求與意見，那這便是個不知道自己究竟統治並代表何種社會的國家。無論發出再多的問卷調查，這類國家都是盲目的。(註21)

對巴禮巴而言，當代許多憲法保障的表達自由與言論自由實際上便是「說真話」的體現。然而，表達自由與言論自由的弔詭之處就在於，法律所保障的言論與表達可能是非民主或反民主的。那麼，該怎麼辦呢？巴禮巴很清楚指出，沒怎麼辦，我們沒辦法控制自由，沒辦法規範民主，因為：

> 民主最大幅度接納並接受內部批判所帶來的風險——甚至是公民對體制掌權者提出的批判。民主體制的強大之處就是其弱點，也就是賦予公民最大程度的權力，而公民時不時也能成為與體制抗衡的人。(註22)

20 — É. Balibar, *Libre parole*, p. 64.

21 — É. Balibar, *Libre parole*, p. 43.

22 — É. Balibar, *Libre parole*, p. 22-3.

　　巴禮巴對民主的理解便奠基於此：民主需要仰賴民主以外的東西才得以成立，也是因此，民主沒有所謂「維持現狀」——不是民主化民主，就是將民主去民主化。這便是為何巴禮巴主張「民主沒有中間項」，而「民主化過程若沒有穩定前進，便會倒退」。(註23)

　　也許不少讀者會認為，巴禮巴只不過是在安全、不受威脅的處境下，才大肆替言論自由、表達自由辯護。事實並非如此。本書的所有論點都是被巴禮巴的處境逼出來的。巴禮巴是被什麼事件或現象逼著寫出這本小書的？答案就如本書前言所說：「查理事件」。

　　《查理週刊》成立於一九六〇年，彼時的名字是《切腹》（Hara-Kiri），來自日文的「腹切り」。《切腹》刊登許多諷刺時政的文章與漫畫，甚至在一九七〇年查理・德・戴高樂（Charles de Gaulle）過世時，《切腹》也對他嘲諷了一番，因而被當局禁止。《切腹》團隊捲土重來，重新發刊時也不忘嘲諷先前被禁止的事件，索性沿用戴高樂的名字，取名為《查理週刊》。回顧《查理週刊》的易名史便不難發現，他們存在的意義之一就是不停挑戰言論自由的界線，無論時政或前總統過世都逃不過《查理週刊》的揶揄。言論自由之所以會被劃出邊界並非毫無道理，也因此，隨著挑戰言論自由的邊界而來的，便是一連串的風險，被禁止便是一例，但最顯著的例子，當屬二〇一五年的「查理週刊事件」。

　　二〇一五年一月七日，幾名蒙面人帶著火箭筒與 AK-47 闖入《查理週刊》編輯部，先是殺死一名工人，再挾持漫畫家到辦公室掃射，死者二十人，傷者二十餘人。根據倖存者的說法，槍手殺人的原因是先前《查理週刊》刊出一系列嘲弄穆斯林的作品侮辱先知，而槍手是「為先知穆罕默德報仇」。事後，巴黎當局在市內部署大量軍警，開始逮捕所有「可疑的恐怖分子」。

23 — É. Balibar, *Libre parole*, p. 28.

　　誰是「可疑的恐怖分子」？在缺乏或根本沒有辦法給出詳細定義的情況下，幾乎所有穆斯林都成了潛在的罪犯。這樣的做法顯然問題重重，但卻也有許多支持者，而支持者不只來自訴諸「純淨」的保守派，也來自強調「世俗」的進步派。在瀰漫反恐氛圍的法國，言論自由空間快速緊縮，即便想好好梳理法國與「伊斯蘭世界」的關係，都很容易被當成在替恐怖主義開脫。這是身處法國的巴禮巴所面臨的處境，也是他選擇當個「說真話的人」的原因。

　　對巴禮巴來說，正是在此情況下，才更應該爭取言論自由與表達自由，否則「民主」不僅會淪為名號，還會替壓迫施脂抹粉──所有批評既有「民主」制度的人都被當反民主，因而被迫噤聲。事實當然並非如此。許多批評既有民主的人，是希望「更民主」而非反民主。正是因此，巴禮巴主張，民主國家有義務保障所有對民主國家的批判（畢竟「讚揚」根本不需要法律保障），也就是說，「國家則需保障言論自由不受國家本身侵害」。(註24)

　　換言之，巴禮巴並非單純「反國家」或主張「超越法律」，而是強調藉由集體行動把非法元素塞入法律之中，藉此讓形式上採行民主體制的國家能變得更加民主，法律也能藉由此非法元素而得以更加完善，也就是納入更多「民」與「民主」的可能。(註25) 當然，將非法或非民主的元素納入民主體制之中必然有其風險，這也是為何巴禮巴強調民主沒有「維持現狀」，只有「民主化民主」或「去民主化」。

24 ─ É. Balibar, *Libre parole*, p. 47.

25 ─ 在此有一點需要特別注意：巴禮巴強調，「非法」或「法外」不等於「違法」：É. Balibar, *Libre parole*, p. 34.

⟨◯⟩⟨◯⟩

言 論 自 由
Libre Parole

南方家園出版　Homeward Publishing
書系　文創者 HC
書號　HC039

作者　艾蒂安・巴禮巴　Étienne Balibar
譯者　申昀晏
審訂　洪世謙
編輯　鄭又瑜
美術設計　陳恩安
內頁排版　王季友
發行人　劉子華
出版　南方家園文化事業有限公司

南方家園文化事業有限公司　NANFAN CHIAYUAN CO. LTD
地址　臺北市松山區八德路三段 12 巷 66 弄 22 號
電話　（02）25705215~6
24 小時傳真服務　（02）25705217
劃撥帳號　50009398　戶名　南方家園文化事業有限公司
讀者服務信箱 E-mail　nanfan.chiayuan@gmail.com

總經銷　聯合發行股份有限公司
電話　（02）29178022
傳真　（02）29156275
印刷　約書亞創藝有限公司
E-mail　joshua19750610@gmail.com
初版一刷　2024 年 12 月
定價　420 元
ISBN　978-626-7553-08-4
(EPUB) 978-626-75530-7-7
(PDF) 978-626-75530-6-0

國家圖書館出版品預行編目(CIP)資料

言論自由／艾蒂安·巴禮巴作；申昀晏譯，
初版，臺北市：南方家園文化事業有限公
司，2024 年 12 月。112 面；22.5X17.1 公
分。文創者；HC039，譯自 Libre parole。
ISBN：978-626-7553-08-4；平裝。1. CST：
言論自由。571.944 /113018447